小さな会社の稼ぐ技術

竹田式
ランチェスター経営
「弱者の戦略」の
徹底活用法

栢野克己
竹田陽一 監修
豊倉義晴 取材・執筆協力

日経BP社

はじめに

ウェルカム！　サバイバルの世界へ

日本には企業が約３８２万社存在する。うち99・７％は中小企業で、さらにそのうち約９割は小規模事業者（「製造業・その他」20人以下・「商業・サービス業」５人以下）が占める。大企業は１％もない。

けれども、世の中に流布されている経営に関する情報は、有名な大企業の話ばかりだ。マスコミも、本も、セミナーも。そりゃ仕方ない。メディアの主なスポンサーも大企業で、彼らの広告や宣伝は目立つし、かっこいい。片や中小・零細は、無名で地味。かっこ悪い。

大企業と中小企業の社員とでは、生涯年収で1億円の差がある。昔も、今も、これからも、学生と親の大企業志向は変わらない。

数十年前、私の就活も大企業のみだった。学校を出て、一部上場の超大企業に就職が決まった。人生に勝ったと思った。ところがサラリーマンでことごとく失敗。転職のたびに会社の規模が小さくなった。

30歳の4社目で中小企業へ転落。

32歳で起業。だが、1年持たずに廃業。

33歳でまさかの借金を1億円背負い、36歳で2度目の起業。

失敗続きの人生なら、その失敗をなんとか生かせないか。そんな思いもあり、中小企業の社長を集めて勉強会を組織した。自分は成功していないので、成功者を呼んで話を聞いたり、成功事例をかき集めたりして、中小企業の社長たちと一緒に学んだ。

成功をつかんだ人たちの話は確かにすごい。知恵は回るし、行動力もあるし、オーラもある。だけれど、その人と自分とは能力もキャラクターも違うし、まねできないのではないか。すごいと思う半面、あきらめ感もあった。

そんな時、経営コンサルタントの竹田陽一と出会った。福岡の経営者の間では、ちょっとした有名人だ。彼からランチェスター経営の話を聞き、これまで成功者から聞いた話が一気につながった。目からうろこが落ちた。

本書の監修者、竹田陽一は、中小企業の経営戦略コンサルタントとして活躍するランチェスター経営の専門家だ。従業員30人以下の中小企業に向けに、ランチェスター法則に基づいた商品戦略・地域戦略、営業戦略・財務戦略など経営の各分野を網羅した「経営戦略教材」（ＤＶＤ・ＣＤ）を約２００巻制作するなど、本来軍略であるランチェスター法則を企業経営に応用した先駆者の一人である。その教材を題材にした勉強会や、セミナー・講演会も含めると、この40年でのベ十数万人が参加し、竹田式ランチェスター経営を学んだ。私は竹田陽一に弟子入りし、その後は主に成功事例の取材や講演活動を行っている

２００２年、竹田陽一とビジネス書『小さな会社☆儲けのルール』を出版した。中小・零細・個人事業主向けなので、内容もダサい。事例も無名企業ばかりだ。ところが、実売10万部突破のヒットになった。

あれから15年近くたち、内容を全面的にアップデートしなければと思い立ち、執筆したのが本書だ。

15年前よりも今のほうが、中小・零細企業は元気がないように感じる。まだ、竹田式ランチェスター経営を知らない人に、何とか本書を通じて「弱者の正しい勝ち方」を届けたいと思っている。

時代は変わっても、相変わらず世の99・7%は中小無名の弱者だ。人は100%死ぬが、ほとんどの会社も30年で死ぬ。人も会社も、死に向かって生きているのかもしれない。

しかし、世の中、捨てたものではない。

弱者には弱者の戦略がある。弱者が正しい戦略を実践すれば、相当しぶとい。いや、局地戦であれば、大企業を完膚なきまでに打ち負かすことさえできる。実際の戦争でも、今や大国がゲリラ戦で打ち負かされる時代だ。弱者こその強みは、いくらでもある。それを本書で伝えたい。

ウェルカム！　サバイバルの世界へ。

栢野 克己（かやの・かつみ）

目次

Part 1

竹田式ランチェスター経営とは何か？

Part 2

弱者の4大戦略で利益は必ず出る

Part 3

迷った時に思い出してほしい竹田陽一語録

第8章

夢の実現

Part 1

竹田式
ランチェスター
経営とは何か？

第1章

「頑張る＝儲かる」ではない

創業時、福岡の雑居ビルで３人のアルバイトを前に「我々は将来、豆腐屋を目指す。豆腐は一丁二丁！　我が社も売り上げを１兆、２兆と数える会社を目指す！」と23歳の社長が吠えると、翌日には全員が退社したという。現在、連結売上高で９兆円を超えるソフトバンクの実話です。創業者の孫正義さんは２０１０年に経営者育成スクール「ソフトバンクアカデミア」を開校しました。その冒頭で「僕がみなさんに伝えたいことを一枚で示すと、ランチェスターの法則と孫子の兵法です」と話しました。今もその動画はネット上にあります。

本書は中小・零細企業、個人事業主に向けた、ランチェスター経営を実践するための手引書です。

ランチェスターの法則というのは、イギリス人のエンジニア、フレデリック・Ｗ・ランチェスターが１９１４年に発表した戦闘の数理モデルのこと。戦闘の数理モデルってなんだ？　と思われるかもしれませんが、要は戦力などを数値化して、敵と戦ったら、どういう結果になるかを科学的に数字で表せるようにし、「こういう条件で闘えば、ほぼ必ずこうなる」という法則を発見しました。

第二次世界大戦中に米国を中心とした連合国側が、軍事作戦や攻撃効果の分析・決定にこの法則を応用して活用し、大きな成果を挙げたことで知られています。日本でも１９５０年代に、米国で出版されたランチェスター法則の書籍の和訳が発売され、これを経営に取り入れる人が相次いで出てきて、広まっていきました。

ランチェスター法則に関するビジネス書は多数あり、１９７０年代からの累計販売数は５００万部を超えると言われています。おかげさまで２００２年に発行した「小さな会社☆儲けのルール」（竹田陽一、栢野克己共著、フォレスト出版）も10万部を突破し、類書もこの10年で数十万部出ました。

ランチェスター法則を経営に活用していることを公言する有名経営者も少なくありません。冒頭で紹介した孫正義さんのほか、旅行会社ＨＩＳやハウステンボスを経営する澤田秀雄さん、カリスマコンサルタントの故・一倉定さん、武蔵野の小山昇さんなどです。

でも、ここで、ランチェスター経営の理屈をくどくどと説明するつもりはありません。お勉強は、あとにとっておきましょう。中小・零細企業経営のなかで、ランチェスター経営がどう使われ、どんな効果を上げているのか。まずは、一人の経営者の話に耳を傾けてください。

数年前に「大阪にすごいお弁当屋さんがある」といううわさを聞きました。ドン底の状態から竹田式ランチェスター経営を学んで業績を大きく伸ばし、大阪府内のフランチャイズ加盟３００店中、１位になりました。単なる弁当店が何をしたのか？　少し長いですが、長いだけのことはあります。彼の話のあとに、ランチェスター経営を解説していきます。

ケーススタディー１

事業に連戦連敗、ドン底からの大逆転劇

岩田芳弘社長（有限会社山田中商会）

「商売は当てもんや！」で失敗

大阪の東淀川区で持ち帰り弁当店をやっている岩田と申します。商売は20歳ぐらいの時から居酒屋でスタート。そのあとFC店でコンビニエンスストア、弁当店、ラーメン店、たこ焼き屋といろいろやりました。でも、どれもまったくうまくいかず、閉店したり、売却したりで、最後に残ったのが弁当のFC店でした。

いろいろ手を出した理由は、「オレ、こんなのも、あんなのも、いろいろやってんねん」と他人に自慢したいから。もう1つは、「商売は当てもんや！」と思っていました。これをやってだめだったら、次はあれをやって……その繰り返しで、失敗を続けました。

「商売は当てもんだから、当たるまでは失敗しても仕方ない」と思っていたんですね。

でも、それが間違いであることを、ずっとあとになって知りました。「商売には成功する正しいやり方がある」ということを。

私は、そこそこに繁盛している酒屋の息子として生まれました。ちっちゃい頃は、欲しいものは何でも買い与えてもらえるボンボン。親から「お前は将来、芸能人になれ！」と言われ、ジュリー（歌手の沢田研二さん）のまねをして、白い帽子と白い服着て、一時は本気で芸能人になるつもりでした。その時点で、「こいつ、将来、アカンようになるやろな」と思いますよね（笑）。

堕ちていく日々

昔の私の仕事ぶりはというと、もちろん、仕事には本気で取り組んでいません。頭は金髪。ごっつい金のネックレスをぶら下げ、ちょっと態度のでかいお客さんがいたら、「何やねん。こいつ」っていう感じでグッと睨みつける。逆に、かわいい女の子が来ると「今度、一緒に飲みいかへんか」と声をかける。バイトの女の子にも手をつける。夕方5時か6時ぐらいになると、ソワソワし始めるんですね。その後、夜のナンパコンパに出かけるもんで。

若いバイトの男の子や友人を連れて夜の街に繰り出す。昼間の仕事ではまったく輝きがないのに、夜のナンパはめちゃくちゃ調子いい。だから商売のほうはどんどん悪くなる。夜のウエイトが大きくなっていくんですね。

「岩田さん、すごいなあ」とおだてられ、「当たり前じゃん。これからナンボでも行ったるぞ！」と吠えていました。

昼は昼でFCオーナー気取り。出入りの業者さんや従業員には、めちゃめちゃえらそうにしていましたねえ。

こんなんでうまくいくはずもなく、資金繰りが段々と苦しくなっていきました。業者さんにお金が払えなくなる。従業員への給料の支給が遅れはじめる。

えらそうにしていたチンピラのような人間が、立場が変わるとどうなるかわかりますか。

まずは、従業員にまったく顔向けできなくなる。自分の会社なのに行きたくなくなるんです。業者さんが来たなと気配を感じると、月末の支払いが滞っているのでトイレに隠れる。こんなチンピラみたいな男が追い込まれると、気が弱い部分が途端に姿を現しはじめます。

その時の経験は今でもトラウマですね。あの頃には二度と戻りたくない。お金がないので、持っていた店を次々と閉鎖、売却しました。最後に残ったのが、FCの弁当店でした。

頑張っても結果が出ない

僕は一度も就職したことがなく、20歳からずっと社長業をやっているので、態度だけはでかい。社長さんって、中身もないのに態度がデカイ人、多いですよね(笑)。僕はその典型で、今さらサラリーマンなんて絶対にできない。それなら、ただ一つ残ったこの店で何とかやっていくしかないじゃないですか。それがわかってからは、心を入れ替えて、ちょっと頑張るようになった。おいしいお弁当を作って、大きな声でお客さんに挨拶して、仕事に一生懸命取り組むようになったんです。

それなのに、なぜかまったくうまくいかない。売り上げは落ちる一方。こんなに一生懸命やっているのに全然成果が出ない。

とても焦りました。

従業員にも「オレは頑張っている。何でアカンのや」「お前らの気合が足りないんだ!」とあたり散らしました。今振り返ると、従業員たちには非常にかわいそうなことをしたなと悔やまれます。

どうにもならないんで、先輩の経営者に相談しにいきました。

「先輩、どうやったら経営、うまくいきますか？」

「お前、何のために事業やってんねん？　経営理念は何やねん？」

と聞かれました。一言も答えられなかったです。「それでは話にならん」と突き放されました。


自分は何をやりたいのか？

何のためにお店をやっているのか？


毎日、頭は空っぽで仕事をしていましたから、正直、何も思い浮かばなかった。

次はFCの本部に頼ろうとしました。FC本部には、エリアごとにスーパーバイザーというエライ名前の人間がいて、「あなたの店の経営をサポートします」という仕組みになっているんですね。

今こそそれを使う時だと思い、「うまくいく方法を教えてほしい」と聞いたけれど、良いアドバイスが全然来ない。その後17年たちましたが、いまだにまっとうなアドバイスがない（笑）。

こいつらも頼りにならないとわかり、僕はますます追い込まれていきました。

人生を変える出逢い

そんな時、近所で美容室を経営する田中さんから、「知り合いと一緒に経営の勉強会をやるけど、来ないか」と声をかけていただきました。

それまで私は本を読んだり、人に会って話を聞いたりすることもなく、パソコンにもほとんど触れたことがない。だから情報がまったく入ってこなかった。ひどい話ですが、会社経営を解説している本が書店で売っていることすら知らなかった。

勉強会に行ったら、みんなでＤＶＤを見ているんです。話しているのは、ランチェスター経営という会社の竹田陽一というおじさん。

「こんなやり方があるのか、これ、ええなあ。やれるとこから、1回やってみようか」

どうしたらいいのか悩んでいたので、素直にそう思いました。

この田中さんとの出会いが、私のターニングポイントです。ここから毎日の働きぶりが変わりました。8年前のことです。その後はランチェスター経営大阪・井上秀之さんの勉強会に参加し、お世話になりました。

「ありがとう!」と言われた

まずは、他人がやっていることをどんどんパクっていきました。

田中さんの美容室にうちの嫁さんがいくと、数日後に田中さんから手書きのハガキが来たんです。実物を見て、こりゃーすごい、しびれると思いましたね。

うちは弁当屋ですけど、このハガキ作戦をパクり、やってみました。よく来てくれるお客さんに住所を聞き、教えてくれた人に一枚一枚書いて出しました。そうしたら、すごく喜んでいただける。

「すごいなあ。こんなん送ってくれるん、ありがとう」

「ありがとう!」と言われたら思った以上にうれしい。なので、また書く。当初は手書きで、1日30枚ぐらい書いていましたね。今は1日300人ぐらいの来店なので全員には書けなくなり、手作りの「ほか弁新聞」という名のニュースレターを配っています。ですが、今でも肝心要の時には、手書きのハガキや手紙を出します。

ハガキやニュースレターを送るには顧客名簿をつくる必要がありますが、それをやろうと思ったのには、きっかけがあります。

1年半ぐらい、ほぼ毎日来てくれていたお客さんがいたんですね。いろいろと話をさせてもらっているうちに、おみやげや差し入れをいただくようになり、うちでも食べ物を差し上げたりして、互いに込み入った話もするようになりました。

その人がある日突然、来なくなった。

実は、ちょっとメンタル面で悩みがある人だったんで、どうしたんだろうと心配になりました。でも、連絡先もわからない。

普通、お客さんとお店はビジネスライクな関係ですが、僕はその人と人間関係ができていると思っていた。その人は、うちの店にほぼ毎日来ていましたから。でも、引っ越しするとか転勤するとか、特に連絡はなかった。

結局僕はこの人とも、店で単にお金と商品を交換していただけの関係だったのかと、ほんと情けない気持ちになりました。

そんなことがあって、よく来ていただけるお客さんには、名前と住所と連絡先ぐらいは聞こうとスタートしたのが今の顧客名簿です。今は6000人ぐらい集まりました。この中から3500人ぐらいをピックアップして、ニューズレターを定期的に配るようにしています。

地域を絞って売り上げアップ！

うちはフランチャイズ店でＦＣの他店と商品に差はありません。どこにでもある、いわゆるほか弁屋です。お客さんと１キロも離れたら、店長がよほど男前でないと、買いに来ていただけない（笑）。

そのうえこの数年で、店の周辺には飲食店が一気に増えました。店から３００メートル北に駅があり、駅前は小規模だけれど繁華街になっていて、マクドナルド、ケンタッキーフライドチキン、すき家、オリジン弁当などもあります。家の近く、仕事場の近くで、いくらでも食べるところはある。駅と反対側、店の南側には淀川が流れていて、商圏はそこまで。この狭い地域の中で、どうやって生き残っていけばいいのか。これを毎日、考えながら経営しています。

うちのお店は宅配もやっています。平日は来店が6割で宅配が4割。土日になるとイベントなど大口の注文が入るので、これがひっくり返ります。

来店客は近場の狭い範囲に限られますが、宅配のほうは、遠くからでも「ちょっと持ってきてや」となる。初めは言われるがまま対応しました。営業のやり方を知らなかったこともあり、もう苦戦の連続。注文は１日に2～3件。１件５００円の弁当を片道15分、往復30分かけて運ぶ。たった2件でもあっちに行ったりこっちに行ったり、まさに右往左往。人件費もバイク代も時間もかかる。揚げ句の果ては事故になる。

地方から出てきた大学生がうちの店にバイトに来るんですが、地元じゃないので道がわからない。それなのに移動範囲がすごく広い。お客さんから「まだか？」と苦情の電話があると、僕がバイトの子に電話して「お前、はよせい！」とせかす。すると焦って事故になる。

こういうことが何回か続きました。効率も悪いし、気疲れもするし、バイトも元気がなくなる。宅配はもうやめようかと思いました。片道15分で往復30分、これで500円の売り上げでは赤字です。

竹田式ランチェスター・地域戦略の勉強で、「移動中は一切利益を生まない」と学びました。確かにそうですよね。移動は時間を食うし、移動費もかかる。しかもうちは、単価が低くて粗利も低い。「非常に狭いエリアに絞らないと、利益が出ない」と教えられました。

そこで、地域を絞り込んで移動にかかる時間を短縮し、一方で売り上げを増やすという地域限定戦略にチャレンジしました。いきなりだと怖いので、商圏は徐々に小さくしていきました。いったいどうなるのか。昔は5キロ先まで行っていたのが、今の移動距離は最大で1キロ。バイクで5分とかからない距離です。

商圏を絞ったので、対象世帯も5万2000世帯から1万7000世帯と約3分の1に減りました。ところが、結果的に売り上げは1・5倍になり、従業員一人あたりの経常利益は業界平均の2倍になったんです。受注件数が増えてきた現在では、1回の配達で4～5件、多い時は6～7件になりました。効率を考えると、昔とは雲泥の差です。強者と弱者ではやり方が違う。僕は「大企業と中小・零細・個人事業主では方法が逆だ」と教えられ、衝撃を受けました。

ほかには、こんな販促もしました。うちのお店の前がちょうど通学路になっていて、午後3時ぐらいになると近所の子どもたちが学校からバーっと帰ってくる。そのとき、揚げて時間がたち、売り物にはならないちょっと冷めたコロッケや唐揚げを「お前ら食えー！」とあげるんです。もちろん、鮮度も衛生面でも何の問題もありませんよ。ただ、冷めているだけ。すると子どもたちは、小腹がすいているんで、「ウマい！なんやこれ！」と大騒ぎする。一応、こう言っておきます。

「お前ら、物をもらったら、ちゃんとお母ちゃんに言えよ」

そして夜になったら、彼らは律義にお母ちゃんを連れてきます。

顧客は誰か？

昔は「顧客は誰か？」と聞かれて「老若男女！」と答えていました。けれども、戦略の勉強をするうち、こんな敵だらけの地域で飲食業をやる場合、やっぱり客層も絞らないといけないと思い、店頭で１００人ぐらいにアンケートを採ったんです。

「なんでうちに来てくれるんですか？」

こんな質問を載せた手書きのアンケートを渡しました。

すると、「今日のご飯は弁当にしよう」と決めているのは、8割以上主婦だとわかったんです。それなら、ニューズレターも店作りもチラシも、主婦向けにしようと決めました。

デリバリーでは、法人とファミリー層に顧客を絞りました。会社やお店、建築現場には挨拶回りとチラシの手渡しで販促し、ファミリー層にはマンションにチラシのポスティングをしました。ただし、ワンルームマンションは効率が悪いので外します。

法人への営業もいろいろ試しました。従業員数が多くなると、たいてい格安の弁当屋さんが入り込んでいます。彼らに価格では勝てません。結果、法人営業のターゲットは、従業員5～20名の小規模事業所に限定しました。

チラシの差別化

当初、ファミリー層向けの販促では、ＦＣ本部から送られてくるメニューだけが載ったチラシをマンションにポスティングしていました。何度か試したけれどあまり効果がない。そこで、まずはチラシの質を上げようと、「忙しい奥様へ」という手書きの文字で、インパクトのある内容の手紙を嫁さんに書いてもらって使いました。

今はこの手紙とチラシをホチキスでとめて、あらかじめ決めた地域に何回も入れることにしています。うちで統計をとったんですが、３～４回目ぐらいが、一番効果がありました。

お客さんと一泊旅行

それ以外にも、私はこんな感じでワーワー言うのが好きですから、近所のお客さんの家族やお子さんを連れて、釣りやカブトムシ採集に行ったり、ホタルを見にいったりしています。これに関しては、無理はまったくしていません。僕は家族サービスを月１回はするように心がけているんですが、そのときに近所の子も誘って一緒に楽しんでいます。今の人はコミュニティーを求めています。ちょっと声をかけるだけで、すごい人数が集まります。どうやって車の台数を確保するか悩むくらい希望者が来ますよ。

また、月に一回、主婦向けのランニングサークルもやっています。「岩田さん、後ろからお尻ばっかり見んとってよ」と言われますが、「そんなん見るか！」と言い返します。

そういうメインターゲットの人たちに、お店についての意見をざっくばらんに言ってもらう。もう好き勝手に。彼女たち、めちゃめちゃ言いますよ。けれども、そこでの意見を取り入れて、お店づくりに生かしています。

そうこうしているうちに近所の主婦の方たちと、いろんな活動が増えてきました。「岩田さん、今度みんなで一泊旅行に行かへん？　夜、エッチなことせんとってなあ（笑）」

去年の夏は30人ぐらいで旅行に行ってきました。

女性は人材の宝庫

こうなってくると人の採用もこの仲間のなかからできるので、まったく困らなくなりました。以前は、僕の言動がよくなかったので、人を採用しても続かない、辞める、入ってこないの悪循環。大変な思いをしました。

実は、お客さんとして来た時にいい接し方ができる人は、逆に接客でもいい対応ができます。採りたいのは男性か女性かと聞かれれば、やっぱり女性です。男性のいい人材は、そもそもうちのような店には振り向いてくれません。しかし、女性のいい人材は、結婚や出産で家庭に入って埋もれている。有望な人材がわんさかいますよ。

今も従業員やバイトの8～9割は女性です。採用方法は、いい対応をするお客さんからのスカウト。僕は昔、お客として買い物に行った時にはえらそうな態度をしていました。その逆で、お客さんなのに謙虚でスマートな人をスタッフとして雇うと、やっぱりいい対応をしますね。

地域の異業種と連携

さらに、もっと地域に根を張っていこうということで、地元の福祉施設や頑張っておられる社長さんとも、さまざまな取り組みをしてきました。ポスティングのメニューをニューズレターと一緒にとじるといった簡単な作業は、地域の障害者施設の方々にお願いしていします。

近所に、ケーキ屋さん、和菓子屋さん、パン屋さんで頑張っている有名店があるのですが、「弁当を配達するついでに持っていくけれど、どうですか？」と声をかけ、一緒にデリバリーして、手数料をちょっといただいています。さらに、一緒に勉強会をしましょうと誘い、竹田式ランチェスター経営のＤＶＤを見ています。

お客さんから差し入れ

こうして常連のお客さんも増え、今では毎日のようにお客さんから差し入れをいただいています。多い時は1日で6件も！　もう幸せですね。ほんとうにありがたい。バレンタインデーには、たくさんの人が僕にプレゼントを持ってきてくれるんです。バイトにあげても食べきれないほどの量ですよ。近所の子どもなんかも、チョコレートを持ってきてくれます。雨の日でしたが、傘をさして来てくれて。もううれしくって、ほんと商売やっててよかったなあ。

アルバイトの若いやつらは「オーナー、キャバ嬢並みのモテぶりですねえ」と憎まれ口を叩くので、「おまえらも、それぐらいの接客せい」と言い返してやりました。

社長の仕事は戦略づくり

私が勉強した竹田式ランチェスター経営では、戦略と戦術というのが出てきました。

戦術は手と足、体を動かす。戦略というのは目標を決めたり、仕組みを何かつくったり、頭で何かをつくり出す仕事のことです。

かつて僕がやっていたのは、唐揚げを揚げて肉を焼いて、ご飯を詰めて宅配に行く。これは全部、戦術。社長がやるのは本来、戦略づくりですね。社長が給料をたくさん欲しいと思っても、アルバイトと同じ仕事しかしていないのであれば、時給はせいぜい８００～９００円が妥当でしょう。

まあ、中小・零細であれば社長も戦術をやらざるを得ないのですが、今は厨房や店頭は従業員に任せ、僕がやる戦術は外回りの営業や得意先との会話くらいですね。

古い業態だから差別化が効く

次に差別化に取り組みました。弁当屋って、めちゃくちゃ古い業態だなって思うんです。居酒屋や他の飲食店はどんどん新しいことをやっていますが、弁当屋はここ何十年か進化していない。僕も他のチェーン店に弁当を買いにいくんですが、そこでも、メニューや接客はほとんど変わらない。

そこでうちは、例えば来店客にお茶を出します。「おっ、ここは弁当屋なのにお茶が出てくるんかいな」とみなさんビックリされます。

雨の日にはタオルを出す。その類いの差別化ならいくらでもできます。常連のお客さんは名前で呼びかける。顔を見たら名前を思い浮かべられるように、ノートに顔や特徴を書いたりしています。

初めて1位を意識する

うちの店の売り上げはもともと、大阪府の北摂地区50店舗中、上から10番目ぐらいでした。1位の店とは売り上げに大きな差があり、1位になろうなんて夢にも思っていなかった。

でも、パクリばっかりでしたが、お礼ハガキを書き、顧客名簿を作成し、ニューズレターを配りはじめると、売り上げがちょこちょこ上がっていき、ちょっとした成功体験をするようになりました。すると、1年後に順位が10位から5位に上がりました。

その時、「ひょっとしたら1位もいけるかもしれない」と、初めて北摂地区トップを意識し、目標を切り替えました。同じチェーンなので、他のFC店の売り上げがわかります。1位になるためには、売り上げを今より月に100万円上げないといけない、と計算できるようになった。経営者として、意識面で前より成長したと思います。

戦略なき「バタ貧」

でも、そこにたどり着くまでは10年近くかかりました。弁当店1店だけになり、あとがなくなり、自分としては死にものぐるいで努力したつもりでしたが、しばらくの間はなんら結果が出ませんでした。

これは竹田先生の言う、いわゆるバタ貧ですね。バタバタ忙しくやっているけど、全然儲からない。

なぜそうなったかというと、採るべき戦略が間違っていたからです。

私は竹田先生と出会い、竹田式ランチェスター経営を勉強して正しい政略の立て方と実行法を学び、「商品」「地域」「客層」の各分野で1位になることを目標に設定しました。それを実現するためには、月の売り上げをあと１００万円上げなければならないこともわかりました。

そして、今までのやり方でダメなら、新しいことを試し、明日、１週間後、１カ月後はこうやろうと、戦略的に考えられるようになりました。

飛び込み営業は1回では決まらない

月の売り上げを100万円上乗せするため、何か新しいことやろうと、企業やお店に宅配弁当の飛び込み営業を始めました。その時、ちょっと思い出に残っている出来事があります。

ある夏の暑い日に、建築現場へ行ったんですね。現場のプレハブ小屋に入って、「まいど！　ほか弁です！」って言ったら、そこでは30人ぐらいのおっちゃんが、疲れて裸で寝ていました。私が大声で挨拶したので、刺青を入れているおじちゃんから「お前、うるさいんちゃう」とドスの利いた声で怒られ、「これは、やばい」と直感してすぐに退散しました。

でも、竹田式ランチェスターのＤＶＤで、「訪問式による新規開拓の１回目や２回目は挨拶や情報収集が目的。売り込みは3回目から」と学んでいたので、また行きました。けれども「うちはいらん。帰れ！」と再び刺青のおっちゃんに怒鳴られました。飛び込み営業の3回目は、誰もいませんでした。

そして4回目。人はいたんですが無視されました。頭に来て、「無視するなら、何回でも行ってやろう」と5回目に行ったら、その刺青のおっちゃんが「注文、どうやって取るねん」と言ってくれたんです。そこから毎日、10個、20個と注文をいただけるようになりました。

パクリでいいので、取りあえずやってみる

「ほか弁新聞」をお客さんに渡していると言いましたが、手書きハガキも、この新聞も、基本はパクリです。「ほか弁新聞」を始めたのは、手書きハガキを書く枚数がどんどん増えてきて、もう限界に近いと思っていたとき、知人から「手作りのニューズレターをやったら？」と言われたのがきっかけでした。「自分でそんなのを作るのは絶対無理」と思いましたが、ランチェスター経営大阪の井上さんからサンプルをいただき、完全にパクリました。

何かを実行する時、僕はいつも思うんですが、「あれはすごい、これもすごい」と感じても、実際に自分でそれをやる時は形にするのが大変です。でも、大事なのは、取りあえず一歩前に進むこと。誰かのパクリでいいんです。今も私は、よく誰かのアイデアをパクリます。そして、最初はパクリであっても、続けていると自分のスタイルが必ず出てきて、なじんでくるようになります。

パクリでいいから、取りあえずやる！　というのが私の信条の1つです。

「ほか弁新聞」を配りはじめて、顔なじみのお客さんだけでなく、知らない方からも「いつも読んでるで〜」と声をかけていただけるようになりました。内容は、近所のお店紹介やスタッフ紹介、旅行などのイベント報告など、月替わりでやっています。僕が書くところもあるんですが、メインの記事はスタッフが作成しています。取材したい人は近所のお店紹介のコーナーを担当し、絵が上手な子は4コママンガを書いたりします。

配りはじめて、お客さんの対応が今までよりずっと温かくなったのと、おかしなクレームが減りました。また、新聞でスタッフ紹介をしているので、スタッフが喜んでくれて、仕事を頑張りますね。

法人営業では、月1回訪問し、ほか弁新聞とメニュー（捨てられないようにラミネート加工済み）を渡します。一般客に対しても月1回、「こんにちは！　元気ですか？」という感じで、ニューズレターとメニューを店頭で配布します。

報いを求めない親切

「顧客のことを徹底的に知りなさい」という竹田先生の教えを実践するため、お客さんに徹底的にヒアリングしました。アンケート用紙に答えてもらうのではなく、私が直接、お客さんに質問を投げかけました。


来店動機は何ですか？

いつも来ていただけるのはなぜですか？

ほかによく行く店はどこですか？

決定権者は誰ですか？


前述したように、お客さんとは人間関係ができていますので、非常にやりやすかったです。「熱心やなあ」と感心され、いろんなことを教えてくれました。

弁当を買いに来てくれるお客さんの「あーやってほしい、こうやってほしい」という要望は、店を良くするためのアイデア集みたいなものです。

お客さんにはお金と、僕自身と僕の店を良くする情報までいただいている。

お客さんによって、僕の至らなかった人間性・人柄も成長させていただいた。このへんから、僕はお客さんに感謝しはじめている自分に気づきました。お客さんとの毎日の会話も変わってきました。

ちょっと来ないお客さんがいたら、僕はすぐに「どないしてはるんですか？」って電話します。商売とかは関係なく、気になるんですね。

「なんか困ったことはない？　悩み事があったらいつでも来て。弁当買わんでいいから。お茶だけ入れるから飲みに来て」

こう言えるようになったんですね。無理してではなく、自然と出るようになりました。改革を始めて3年目ぐらいですかね。

そうなってからすぐに、大阪の北摂地区50店舗中で売り上げ1位になれました。そして「次は、大阪全体で1番になろう。そのためにはああやって、こうやって……」と自然に発想できるようになりました。

悩ましい人の問題

僕は21歳からずっと商売をやっていますが、人の問題に関しては本当に苦労しました。昔から、スポーツをやってもキャプテンとか、学校でもリーダーになりたがり、お店をやってもすぐ仕切ろうとして、指示を出したり怒ったりします。

6～7年前まで、僕の店はスタッフの入れ替わりがとても激しかった。

スタッフが「あの〜店長、話があるんですが」と切り出すと、たいていは辞めていく。弁当屋は手作業、つまり人の力に頼る部分がすごく大きい。だから、入れ替わりが激しいと、うまく回らなくなります。

スタッフに作業内容を口で説明しても、普通は2〜3回聞いただけではとても覚えられない。そんな時、「もぉー、前に言っただろ！　自分で思い出せ！」と僕や先輩スタッフに言われて、みんな辞めていくんです。

先日もあるベテランスタッフが「○○君が何回言っても、その通りにやってくれないんです」と不平を言うので、「何回言った？」と聞いたら「3回ぐらい」と言っていました。

仕事をしながら、耳から入ってくる新しい情報（仕事の手順や注意点など）を覚え、身につけるのはなかなか大変なことなんですね。だから私はこうアドバイスします。「そんなことで腹を立てたらダメだよ。口で言うなら100回言うつもりで言ってあげてね」

新しい情報は「口で言う＋見ること」で頭に残りやすくなります。そこで最近、作業マニュアルを作りました。スタッフと話し合いながら仕事の細かな手順を書き出し、重要と思うものを私がピックアップしました。今後もどんどん追加、訂正、改善していきます。

また、うちのスタッフはアルバイトが多いので、実はみな、時給が気になるんですね。そこで評価表をつくり、「君はここまでやったら何十円アップだよ」と決める会議を2～3カ月に1回開いて、一人ずつの目標を決めています。

現在はスタッフの入れ替わりがほとんどなくなりました。それは今述べたことに加えて、スタッフに現場を任せたからだと思っています。僕は経営戦略の勉強とか、外でやりたいことがたくさん出てきましたし、営業や店舗運営の仕組みも一通りできたので、現場はスタッフに全部任せたんです。人は誰でも、指示されるより任されたほうが、やる気が出ます。

かつてあれだけ人の問題で苦労したのに、今はとてもうまくいっています。

人格も改善

僕は自分の人格がもともとダメだと思っていたので、経営と同時に自分も変えようと決意しました。本書の著者、栢野さんが「夢《ゆめ》・戦《せん》・感《かん》」というすばらしい言葉を提唱していますが、私の場合もまさしく、

「夢」、目標を決め、
「戦」、正しいやり方（戦略）を学び、
「感」、今日も一日無事に過ごせたことを、お客様、家族、従業員に感謝する

この3つを実行するため、毎夜、次の日にやることを10個決め、ランチェスター経営を学び、寝る前に無事1日過ごせたことを、スタッフ、お客様に1分間感謝しています。

今は目標に向かって進んでいくことが楽しくなって、夜の街に行ったり、おねえちゃんのところへ遊びに行ったりもしません。朝起きて歯を磨いたら、ご飯を食べずに店に行きます。朝、だらだらしていると時間がもったいないですから。

目覚まし時計のベルは2回以内に止める。2回目を止めたら10カウント数えるんですよ。僕は、長いことボクシングをやっていたんで、6〜8カウントぐらいに「うーん」と起き上がる（笑）。そのままパッと仕事場に行き、朝起きてから寝る直前まで、全部の時間、仕事をしています。

今の僕の仕事は、全体の組織運営、戦略を考えること、外部の人と会うこと、経営の勉強、新しい事業について考えることも仕事です。戦術リーダーとしては、お客さんと会うこと、話すこと、外回りの営業活動など。外部の勉強会にも参加しています。ランチェスター経営大阪の井上さんと勉強会仲間の方々に出会い、そこで経営が学べたことは本当によかった。頑張っている経営者に接すると、みなさん、話し方や聴き方、接し方、マナーがすごくいいんです。勉強会では、経営に加えてこれらをプラスで学べたので、僕にとっては非常にありがたかったです。そこそこの年齢になると、誰も細かいことは言ってくれませんからね。

そして、これからの目標は……。大阪府では一番になれました。でも「次は全国で1番になろう」とは思えませんでした。売り上げはこの10年で6000万から1億円ちょっとになりました。弁当屋で1億売るのは、めちゃめちゃ大変なんです。

売り上げ1億何千万で全国1位のほか弁屋もありですが、僕は別の新規事業を考えています（著者注＊この宣言通り、岩田氏はその後、弁当のFCから抜け、現在は宅配専業の弁当店としてずば抜けた業績をたたき出している）。

何をやってもずっとダメだった私が、少しは逆転できました。追い込まれ、隣の美容室に教えを請い、竹田式ランチェスター経営に出会えた。そこで単に頑張るだけでなく、正しいやり方、経営戦略があると初めて知りました。そして何よりも、お客様と従業員、周りの人たちに育てていただきました。

昨年、人生30年計画を立てました。今年から、その30年後に向かってガンガン頑張っていきますので、みなさんも大きな目標に向かってガンガン頑張ってください。

岩田さんの話はいかがでしたか？

彼がどん底だった時に、私が彼の相談に乗ったとしても、役に立つアドバイスはできなかったと思います。おそらく「ＦＣ加盟店なんだから本部に聞けば？」とでも言って、突き放していたでしょう。

利益を出すために岩田さんがとった行動のいくつかを書き出してみましょう。

・お客にお礼ハガキを書く
・お客の名前を覚えて名前で呼ぶ

・顧客名簿を作る
・たまにお客にごきげんうかがいの電話をする
・来店客にお茶やおしぼりを出す
・営業エリアを絞る
・客層を絞る
・来店客以外に、事業所向けデリバリーを増やす
・飛び込み訪問による挨拶回りをする
・顧客フォローでニューズレターを出す
・店頭にスタッフの自己紹介ポスターを貼る
・作業マニュアルを作る
・顧客を招いたイベントをする
・顧客の集うコミュニティーを作る
・顧客をリピーター、ファン、信者にする

ハガキを書くのは、一部の熱心な美容室や営業マンはやりますし、「地域を絞る」「客層を見直す」は、竹田式ランチェスター経営の勉強会仲間の間では常識です。

しかし、弁当屋さんが顧客にハガキを出す、顧客名簿を作る、飛び込み営業をするというのは聞いたことがありません。しかし、岩田さんは、竹田式ランチェスター経営のＤＶＤ勉強会で「正しいやり方」を知り、隣の美容室など、実際に現場で行われている工夫をパクって行動し、見事に結果を出したわけです。これには驚きました。と同時に、私たち、机上の空論コンサルタントも、大いに自信を深めました。岩田さんの経営改革を、竹田式ランチェスター経営の視点で振り返ってみましょう。

小さな会社☆お店のルール

岩田さんは現場で「一生懸命に頑張っていた」のに、何年間も結果が出ませんでした。ところが「正しいやり方」を知り、実践したら結果が出た。それは弁当の作り方や元気な挨拶など、店頭で日々繰り返していた行動（＝戦術）だけではなく、「地域」「客層」の決定など、店舗の「戦略」を見直したからでした。

どんな弁当を、どんな接客やチラシで、という現場（＝戦術）は実際に目に見えますが、どの地域の、どの客層に絞っているという「戦略」は見えません。岩田さんは「戦略」を学び、それを現場の「戦術」（＝ハガキ・ニュースレターや訪問挨拶など）

に落とし込んで実行した結果、年商は1・5倍になりました。

先人は「戦術3分に戦略7分」と言います。現場の「戦術」も大事ですが、店や会社全体の正しいやり方（＝戦略）はもっと大事なことなのです。

社員は戦術、社長は戦略

「戦術」と「戦略」は言葉が似ていてややこしそうですが、野球で言えば、ピッチャーやバッターの仕事は戦術、監督のチーム采配は戦略です。投手はいかに相手の打者を打ち取るか、打者はいかにヒットを打つか。監督はいかに試合に勝つか。

会社で言えば、社員は戦術、社長は戦略。

お店で言えば、店員は戦術、店長は戦略。

お店の場合、おいしい料理をつくるとか現場の接客は戦術。一方、どんな料理をどの客層にどう販促すれば繁盛するかを考え、そのための仕入れや店員の採用・育成、資金繰りなどお店全体の采配（＝経営戦略）をするのがオーナー店長の仕事になります。料理も店の経営も、両方やるのがオーナーシェフです。小さな会社は、社長が現場も営業も経営もこなすプレイングマネジャーであることが多いですね。

だから、ついつい目先の現場仕事（戦術）に没頭し、会社全体の経営を考える戦略の立案は後回しになる。戦術はやれば結果がすぐに出ますが、戦略の効果は中長期的に出てくる。岩田さんは年商６０００万円を1億円にして大阪府で加盟店トップの店になりましたが、それは毎年のひと桁成長の積み重ねでした。

さらに、採るべき戦略は、自分と顧客とライバルの力関係によって変わります。顧客をよく知り、ライバルのこともよく知らなければならない。でも、普通は自分のことで精一杯となってしまいます。

兵法書『孫子』には「敵を知り、己を知れば百戦危うからず」という有名な格言があり、経営でもまったく同じことが言えます。経営は、自分とライバルとの「顧客の奪い合い」という戦争です。

「敵を知り、己を知り、客を知れば百戦危うからず」と覚えておいてください。

自分とライバルと顧客

岩田さんは「戦略」に目覚めたあと、顧客を知ろうとアンケートやヒアリングをしまくりました。さらに、敵を知るために、近隣のライバル店や飲食店約30店に客とし

顧客×競争相手　自社

できる人は3つの中間点で、考える

ランチェスター経営(株)　竹田陽一

て行き、これはという店には、バイトや転職応募者を装って面談までして、内部事情を探ったそうです（先日、内緒で聞いたばかりの話です）。中小・零細企業では、そもそも顧客にアンケートをする会社が少ないですが、ここまでやる経営者はなかなかいません。

「ライバルやお客さんの実態を細かく調べている人はめったにいませんね。僕も今ではこの近辺で顔がばれているので、面接には行けません（笑）」（岩田さん）

大企業には顧客サービスの専門部署があり、そこで顧客の声を調べ、マーケティングや経営戦略を担当する部署がライバル企業を調査し、それらをもとに戦略を考えるのが当たり前です。しかし、小さな会社は、ライバルやお客さんのことをろくに知らずに、社長が現場の戦術ばかりやるので、当初の岩田さんと同じように、「自分は一生懸命やっているのに結果が出ない」となってしまいがちです。

商品やサービスをどこで買うかは顧客が決めます。その顧客がどのライバルと見比べてどのような理由で自社を選んでいるのか。あるいは他社を選んでいるのか。

自分の会社の商品やサービスを選んでもらえるようになるためには、自社の「商品・地域・客層」を、「自社・顧客・競争相手」の3方向から客観的に分析し、「自社が勝てる部分＝顧客から選ばれるポジション」はどこかを知る必要があります。

「いやそんなのは関係ない。直感で、好きなことをすれば成功する。夢と希望と燃えるような情熱を持ち、目の前のお客様へのお役立ちを一生懸命に実行すれば、何事も必ず実現する」という人がいるかもしれません。現にそれで成功している人もいるでしょう。しかし、そういう人をよく観察してみると、実は天性の商売人で、本人は無自覚のうちにライバルや顧客を研究して、戦略的に動いているケースがよくあります。命の次に大事なお金を払う顧客は、まさに客観的です。客観的に「自社・顧客・競争相手」を点検する「戦略」は、知っていたほうが断然有利です。

変わらないために変わり続ける

岩田さんは勉強会で「戦略」を知り、現場で次々と新たな「戦術」を実行して、経営をどんどん変えていきました。成功者の共通点は、常に変わり続けていることです。現状に満足せず、常に変えていくことは、利益を出し続けるために欠かせません。

仏教用語に「有恒《ゆうこう》」という言葉があります。以前、ラーメン一風堂の河原成美社長が、著名な僧侶の松原泰道師にその意味を聞きました。すると

「有恒？　それは諸行無常に入っとる」

という答えが返ってきたそうです。

有恒＝つねに有る。諸行無常＝諸々のことは常ではない（この世のすべては移り変わる）。

河原社長は、「次々刻々と変化する世界のなかで有恒であるためには、自らも変わり続けねばならない」と理解し、「なるほど、わかりました！　ありがとうございます！」とお礼を述べたそうです。

世間（＝市場環境やライバルや顧客）は必ず進化する。おいしいという味覚の基準

も変わる。時代に合った新たなライバルも出現する。もし一風堂が変われなければ、今まで支持されていた麺とスープは時代遅れになってしまう。

「いや～一風堂はいつもおいしいね。接客もいいね。お店もいい感じ」

お客さんから「常に変わらずいいね！」と言われるためには、自ら常に変わらなければなりません。

「変わらないために変わり続ける」

これが一風堂の社是です。

この言葉は、あらゆることに当てはまります。体形やお肌の維持のためにも、日々の努力が必須ですよね。運動したり、食事に気をつけたりせず何の努力もしないと、すぐにおなかが出てしまう。いい状態を作るだけでなく、それを継続させるためにも、変わる努力が必要なのです。

第2章

弱者の戦略、強者の戦略

競争における勝ち方のルール、つまり「戦略」には、定番といわれるものがあります。孫子の兵法、戦国武将の兵法、ランチェスター、ピーター・ドラッカー、マイケル・ポーター（ファイブ・フォース分析やバリュー・チェーン）、フィリップ・コトラー（ＳＴＰ理論）など。それぞれの詳細は専門書に譲るとして、この本では岩田さんも学んだ「竹田式ランチェスター戦略」を紹介します。

ランチェスター戦略は、自動車・航空工学のエンジニアだったイギリス人、フレデリック・Ｗ・ランチェスター氏が、第一次世界大戦勃発に刺激を受けて、２つの法則を発表したのが最初です。前述したように、第二次世界大戦でアメリカが軍事戦略に活用し、戦後、日本では企業がランチェスター法則を経営に当てはめて、活用するようになりました。日本でのランチェスターの研究の先駆者には奥村正二氏、林周二、斧田大公望氏、田岡信夫氏らがいて、現在もＮＰＯ法人ランチェスター協会や、ランチェスター経営の竹田陽一をはじめ、多くのコンサルタントや講師が活動しています。
ランチェスター戦略の特徴の1つは、圧倒的1位の企業がとるべき「強者の戦略」と、2位以下の「弱者の戦略」をはっきりと区別したことです。この2つのやり方は、まったくの逆。当たり前ですが、世の中のほとんどの会社は2位以下です。そのなかの99・9%を占める中小企業や個人事業主がとるべき戦略は、間違いなく「弱者の戦略」です。

たとえ何かの業界で圧倒的1位の強者である大企業でも、後発となる新規事業や子会社・新商品は「弱者」の立場であり、とるべき戦略もまったく逆になります。

「強者の戦略」と「弱者の戦略」のポイントをまとめてみました。

「強者の戦略」＝1位の会社、または大企業に多い

1　総合1位主義・全体1位主義
2　市場規模が大きな商品・地域・客層を狙う

3　商品・地域・客層の幅を広くする
4　テレビなど派手なマスコミ広告宣伝を使う
5　商社や問屋ルートで全国の小売店へ一気に間接販売
6　設備が重装備
7　後発や2位、3位のまねをして潰す

「弱者の戦略」＝業界で2位以下。中小零細企業はこちら

1　小規模1位・部分1位主義
2　強い会社と差別化。強者と違ったやり方
3　強い1位とは戦わない。自分より下位や勝ちやすきに勝つ
4　勝ちやすいものを発見するために対象物を細分化
5　強みに集中して弱みは捨てる
6　エンドユーザーへ直販
7　営業はお客に直接接近戦
8　営業地域は近場重視で範囲は狭く

9 実行目標は1つに絞り、個別目標達成主義
10 目標に一点集中
11 イノベーション。過去にとらわれずに新しいことをやる
12 軽装備。見栄を張らない
13 長時間労働
14 自社の大事な経営情報は隠す。隠密戦
15 弱者は調子に乗るな。小さな成功で生活を変えない

（出典）竹田陽一「戦略☆社長（DVD版）」テキストより

冷静に考えると、小さな会社が大企業と同じことをして勝てるはずがない。どんな業界でも、自分より大きくて強い会社や歴史の長い事業者ばかりです。従業員5人の会社のライバルが5000人の会社だったら、同じ商品、同じ顧客、同じ売り方では勝てません。

2011年に東証マザーズ（2012年、東証1部）に上場したネット求人広告の

リブセンスという会社があります。経営者の村上太一氏が史上最年少の25歳で上場したことで話題になりました。リブセンスは、採用が決まるまで掲載無料の成功報酬型と呼ばれる求人広告の事業モデルを採用し、売上高は約50億円（2015年度）。年商1兆円超のリクルート・ホールディングスなどに比べると弱小ですが、採用の可否に関係なく広告料を払うのが当然だった既存の求人広告業界に、風穴を開けました。

さらに、同社の転職サイトには、元社員が匿名で以前の勤務先に関する口コミレビューを、アマゾンや食べログのように書き込めます。PR的な求人広告とは違って、匿名レビューには辛辣な意見や本音も書かれています。これこそ求職者が知りたい本音情報です。企業からはネガティブな内容のレビューの削除要請が頻繁にあるにもかかわらず、悪意のあるレビュー以外はそのまま掲載されているようです。多くのクライアントを抱えるリクルートのような大企業にはできない、一点突破のベンチャーだからこそできるすばらしい弱者の戦略といえます。

先ほどの「弱者の戦略」は15項目もありますが、ポイントを4つに絞ると次のようになります。

①差別化　弱者は、強い会社と違うことをする
②小さな1位　弱者は、小規模1位、部分1位。何かで1位
③一点集中　弱者は、あれこれしない。1つに絞る
④接近戦　弱者は、エンドユーザーに直接営業する

孫正義も実践する「孫子の兵法とランチェスター」

ランチェスター「弱者の戦略」が基本と公言している孫正義さんは、自ら講師も務める経営学校「ソフトバンクアカデミー」を2010年に開校しました。その「開校式」のユーチューブ動画を今すぐ検索してみてください。

その10分後、アカデミーの生徒を前に「みなさんに伝授したいことを1ページで表せと、20年間、30年間、みなさんに伝授していくことの結論を1ページで表せということと、この孫の二乗の兵法になるということであります」と孫さんが語り、プロジェクターには次の画面が映し出されます。

『ランチェスター法則＋孫子の兵法＋孫正義経営の実践』

「孫子の兵法＋孫正義経営の実践」ということで孫の二乗というわけです。これにランチェスターの考え方が加わります。

ソフトバンクは今やグループで売上高9兆円企業になり、今後は「強者の戦略で行く」と決算発表で表明しています。しかし、1981年の創業から約10年間は、パソコン向けソフトの卸売業に一点集中しました。当時、コンピューターといえば、業務用の大型コンピューターやオフィスコンピューターが中心で、パソコンを購買するのは個人のマニア層。市場は小さくパソコンソフトの専門商社は皆無でした。その大手が無視する小さな分野で1位を狙ったのがソフトバンクで、一時期、パソコンソフトの卸売りシェアは8割にも達しました。

海外旅行のエイチ・アイ・エスの澤田秀雄会長からは、「僕は創業期から、まさに弱者の戦略でやったから勝てたんだ」という話を聞きました。

「普通の旅行会社は誰にでも何でも幅広く売ります。だが、それは先発大手の戦略とわかった」

そこで、商品を海外格安航空券に、客層を学生や個人旅行に絞り、海外旅行の分野で1位になることに集中し、国内は後回しにしました。

スーパードライで奇跡の大逆転をしたアサヒビール名誉顧問の中條高徳さんも、「当時、シェア6割と圧倒的強者のキリンに対し、シェア1割のアサヒはドライに一点集中。弱者の戦略しかなかった」と、「小が大に勝つ戦略」という講演のなかで語っています。

繰り返しますが、小が大と同じことをやっても勝てない。弱者が強者に対抗するには「差別化(違うことをする)」や「一点集中」が有効な戦略となるのです。

「1位以外は詐欺」

私の友人で、後発ながら高額納税日本一の医師になった美容外科ザ・クリニックの山川雅之院長は「1位以外は詐欺」とも言います。

詐欺とは強烈な言葉ですが、「1位が顧客に一番役立つ本物とすると、2位はある意味、顧客に損させ、顧客をだましていることになる。だから、顧客にとって1位以外は詐欺だ。真に顧客へのお役立ちと貢献を考えるなら、1位になれないことはやめるべきだ」という意味です。

もちろん、ここでいう1位は必ずしも日本一を指しているのではありません。特定の「商品」、特定の「地域」、特定の「客層」に絞れば、中小零細・個人事業主でも、小さな1位が必ず見つかります。

岩田さんは弁当店で成功する前に、焼き鳥店やラーメン店やコンビニエンスストアなどあれこれやって失敗しています。「商品」を弁当に絞り、宅配の「地域」も以前の3分の1に絞り、さらに宅配の「客層」を中小の法人に絞ったことが、成功要因の1つになりました。

昔から「中小企業と屏風は広げると倒れる」と言われます。大企業でも、手を広げて成功させるのは簡単ではない。外食の大手でも、マクドナルドやＣｏＣｏ壱番屋は専業。プロスポーツでも、野球もサッカーも一流選手という人はまずいない。趣味ならあれこれやってもいいのですが、プロスポーツやビジネスではまず大成しません。

趣味とプロスポーツの違いは何でしょう？　それはお金をもらうか否か。

趣味は自分や仲間が楽しめればいいですが、プロは試合でライバルと闘い、そのプレーに満足したファンやそのファンを顧客にしたい企業から、入場料やテレビ放映権料、スポンサー料などのお金をもらいます。趣味や草野球レベルではお金はもらえません。

ビジネスの世界も同じですね。趣味レベルの、どこにでもあるような商品やサービスでは顧客から選ばれず、お金ももらえない。スポーツも芸人も商売人も、何かでライバルより抜きんでて、満足した顧客からお金をもらってプロ。プロフェッショナルになるには、あれこれやるのではなく、何かに絞る、一点集中しかないですね。

自分が「小さな1位」になれる「商品」「地域」「客層」は何か？

プロスポーツは全国でトップクラスにならないと食えませんが、世の中の大半を占める普通のアナログ商売の場合、営業する「地域」と「客層」の絞り込みや「営業」の差別化で、「小さな1位」になれる可能性は無限にあります。

経営の8大項目（竹田式ビジネスモデル）

前述の「弱者の戦略」の4大ポイントを詳しく見ていく前に、その大前提となる経営の8大項目をここで解説します。経営の8大項目とは、次の8つです。

①商品（何を）

②地域（どこの）
③客層（誰に）
④営業（どうやって新規客をつくるか）
⑤顧客（リピート・ファン・信者づくり）
⑥組織（人事・研修・やる気・活気なども含む）
⑦資金（資金調達と配分）
⑧時間（働く時間、働き方）

一つずつ順番に見ていきましょう。

経営8大項目その1　商品

まず、何をやるのか？職業か、仕事か、天職か？

自分が好きなことで食えれば最高ですが、そうは簡単にはいきません。どんな業界でもライバルとの激烈な競争があり、買うかどうかは顧客が決める。ライバルと「差別化」できて、「小さな1位」になれる商品・仕事は何か？

弱者は「一点集中」、何かに絞るしかない。

「人には無限の可能性がある。でも、たった1つしか選べない」

これはラーメン店チェーン一風堂・河原成美社長の名言ですが、河原社長も40代半ばまではラーメン店のほか、居酒屋、焼肉店、たこ焼き、カレー店、それに浄水器販売やパソコンスクールもやっていました。器用な人ですから、無限の可能性にチャレンジしたんでしょう。

しかし、44歳でラーメンに絞り、飛躍的に成長しました。私は以前から河原さんと付き合っていたので、その変貌ぶりには驚きました。人生は一度きりですから、あれこれ好きなことをやるのは本人の自由。ただ、居酒屋、焼き肉、たこ焼き、カレー……それぞれの業界には強い専業がいます。年商500億円を超える大手チェーンや、オーナー自ら命をかけて運営している個店もたくさんある。趣味レベルの多角化出店で勝てるほど甘くはない世界です。

「人には無限の可能性がある。でも、たった1つしか選べない」

あなたの「たった1つ」は何ですか？

経営8大項目その2 地域

成功しやすい場所を探す

ここで考えるべきことは、大都市かローカルか？　同じ市内でも中心部か郊外か？　最大範囲と重点地域はどこか？　「強いライバルとの差別化＋一点集中」で、自分が小さな1位になれる地域はどこか？

岩田さんは以前、弁当宅配の対象をバイクで片道20分・直径5キロの5万2000世帯にしていました。ところがまったく儲からない。その後地域戦略を学び、カバー範囲が広すぎたことに気づきます。そこで営業エリアを3分の1に絞って、狭い地域で宅配弁当の小さな1位を意識しました。その結果、年商は1・5倍に、一人あたりの経常利益も2倍になりました。絵に描いたような地域戦略の成功例です。

なかなか気づかないことが多いのですが、見えざる敵は移動時間なんです。広い地域に顧客がばらばらと点在している状態では、小口配送のビジネスはバタ貧になります。思い出してください。移動時間中は売り上げゼロ、移動費などのコストだけかかる。その無駄なコストをカットするには、なるべく狭い地域に顧客を密集させてつくることが鍵です。つまり、目指すべきは限られた狭い地域での1位。1位になると目立ち、覚えられ、経費のかからない口コミ紹介も増え、利益が確実に増えていきます。

余談ですが、やずやは青汁発売の3年後の1994年、地元九州だけで使っていた折り込みチラシを東京地区で配布し始めたら、7億円だった年商が1年後に14億円と倍増しました。これは、田舎の中小企業が大都市で成功した稀有なケースです。その理由は、当時、健康食品で強いライバルがいなかったからです。

経営8大項目その3 客層 勝てない層は思い切って捨てる

福岡市でコーチング・研修事業を手がけるオン・ライン代表取締役の白石慶次さんは、企業向けの研修を働く女性向けに変えて、売上高を2・5倍にしました。企業向けのコーチングや研修にはライバルが多く競争が激しいのですが、働く女性向けは強いライバルがほとんどいませんでした。しかも、白石さんはイケメンの独身で、対象を若い女性に絞ったことが奏功しました。私にはとても無理ですね（笑）。

竹田陽一は大企業系の幹部や社員研修は断り、男性の中小企業経営者に特化しています。大企業の社員研修は中小企業経営者向けよりはるかに市場が大きいものの、ライバルにはおしゃれでスマートな講師も多い。竹田陽一いわく。

「サラリーマンやOLは苦手。強みが生かせる中小企業の社長がいい。40歳を過ぎたら合わんことはせんことよ」

人間相手の場合、自分の性格と合う客層というのはありますね。

岩田さんは、客層を老若男女からファミリー層の主婦に絞りました。宅配では事務所、店舗、建築現場を重視。さらに、法人は従業員5人から20人までに絞り、20人以上の事業所はライバルの配達専門弁当に価格で勝てないという理由で捨てました。まさに、選択と集中を実践したわけです。

経営8大項目その4 営業（新規開拓）

アナログ、面倒、泥臭いで大手と差別化

先日、「たった月5万円のグルメサイト広告とレビューで新規顧客が増え、倒産寸前だったのに月商が1000万円を超えた」と、指導した飲食店コンサルタントの大久保一彦さんが興奮気味に話していました。若い客が新規に飲食店を探す時、ネットで検索し口コミレビューを参考にします。ネットの出現で顧客の行動も変わりました。

私が広告のキャッチコピーを作成したある英会話学校も、毎月の地場タウン誌広告のコピー文章を「理想を夢見るバカな英会話学校」「マジメで厳しい」に変えたとこ

ろ、年商3000万円が1年後には6000万円、2年後には1億円になりました。もちろん、商品（=学校の授業内容）が良かったからですが、「バカ」とか「厳しい」という言葉が、顧客の心に引っかかり、問い合わせや申し込みが増えました。広告営業の差別化ですね。

法人向けの営業で穴場の1つが「ファクスDM」。知人で士業（各種のコンサルタント）向けセミナーを主催する「サムライコンサル塾」の柳生雄寛さんは、顧客を新規開拓する際、各地域の士業の方々にチラシをファクスで一斉送信する方法をメインで活用しています。士業は中高年でネットをそれほど活用しない人が多いので、アナログ販促が効くそうです。

逆に、インターネットを活用した営業で売り上げを伸ばした知人もいます。工作機械商社に長年勤めたあとに独立した鈴木佳之さんは、起業するも、1年で貯金が無くなって追い込まれました。しかし、あるコンサルタントの助言でネット動画のユーチューブに販促のための投稿を始めました。これが当たり、初年度2400万円の年商は4年目には2億円を超え、夫婦の零細自営業として大逆転中です。この話は、第6章「ケーススタディー2」で詳しく紹介します。

弁当店経営の岩田さんの場合、営業の基本は訪問挨拶です。普通の弁当店なら、営業はチラシのポスティングくらいですが、それにとどまらず一歩踏み込んで「アナログ接近戦」に打って出る姿勢がすばらしい。雑誌広告や折り込みチラシより、人が挨拶するアナログ接近戦は、お客に残る印象もインパククも数段強い。訪問挨拶といっても、実際には事業所に行って顔見知りの人に明るく元気に挨拶し、チラシを渡してすぐに帰るだけ。変にモノを売り込んだりはしません。慣れればアルバイトのスタッフでもできることですが、弁当店でここまでするところはほとんどない。これが差別化ポイントになるわけです。

経営8大項目その5 リピーターづくり

新規顧客をリピーター・ファン・信者に変える

岩田さんが実践したのは、「来店者への手書きハガキ」＋「顧客名簿を作って名前で呼ぶ」＋「話しかける」。

さらにニューズレターを配布し、果てはお客さんの家族とバスツアーや、ランニンググクラブを結成してサークル活動も行いました。もとはと言えば、隣の美容室をまねてハガキを出したのが始まりでしたね。しかし、客単価が安い弁当店で、コストに見合うのでしょうか。

実は、お礼ハガキは全員にではなく常連客に絞って出しています。週1回の来店であれば単価500円で年間2万5000円。ファミリー客であれば5万円以上、事業所のリピーターだと年間10万円以上もざらです。一生涯でどのくらい買ってもらえるかを計算するライフタイムバリュー（生涯価値）で考えれば、一見、コストや労力が見合わないと感じるハガキや店外での活動にも、投入したコストや労力を十分に上回る価値がある（もちろん、単価500円でほとんどのお客が生涯に1回しか利用しないのであれば、ここまでやる意味はありません）。

現在は、重点エリアの個人客に手作り新聞を配布し、事業所への訪問挨拶を毎月実施しています。新聞はA4サイズ1枚の大きさで手書きとパソコンを使って作成。訪問挨拶も前述のようにメニューを持って事務所や店舗に行って声をかけるだけ。

でもなんといっても、「毎月1回はやると決め、やり続けている」岩田さんの実行力と継続力がすばらしい。戦略と実行は経営の両輪で、特に実行できなければ、いくら優れた戦略でも何の意味もありません。今米国では「やり抜く力（GRIT《グリット》）」を子ども時代からどう身に付けるかが、教育現場の最前線で話題になっています。こうした目に見えない力、経営学という学問ではあまり注目されない力が、ビジネスにおいても非常に重要であることが明らかになってきています。岩田さんの決断・実行・

継続の力、やる気や情熱、明るさや笑顔も含めた人間力――見習いたいですね。

経営8大項目その6 組織・人 スタッフのモチベーションを高める

岩田さんの場合、昔は怒鳴ってばかりで人の入れ替わりも激しかった。ところが今では、専任スタッフ3名とアルバイト10名はほぼ固定でやめない。その理由について岩田さんは、「一緒にマニュアルを作って教育をしていき、ある時から任せるようになった。すると、ますますやる気を出してくれるようになった」と話します。

このほか、ほか弁新聞の作成や店頭に貼り出している写真付き自己紹介ポスターもスタッフのモチベーションを高めていると思います。店頭の自己紹介ポスターで、スタッフはちょっとした有名人。また、スタッフは新聞に自分の担当コーナーを持ち、書いた記事が毎月紙面に出て、3500人以上の目に触れる。それが顧客との会話のネタになり、話が弾みます。こうしてスタッフと顧客のコミュニケーションが深まって、さらにやる気につながるという好循環が生まれています。

経営8大項目その7 資金・お金

店や設備などに、必要以上にお金をかけない

これは難しい財務や経理の話ではなく、質素倹約のすすめです。起業する人で意外に多いのが、必要以上に借金して設備や店にお金をかけるパターン。さらに、出入り業者から高値でぼったくられるケースもよくあります。

独立開業時は自分も夢いっぱいで、周囲からも祝福される。しかし、その大半はヨイショや社交辞令です。経営者は勘違いして気が大きくなり、金払いのいいところを見せようとします。私も見栄を張って何度か痛い目に遭いました。統計上、わずか1年で2～4割が廃業です。起業する前に、できれば1年分以上の生活費を蓄えたほうがいいですね。

余談ですが、子どもがいる人は学資保険への加入をおすすめします。生命保険も掛け捨てではなく終身など貯蓄性があるものを選びましょう。これらは掛け金が毎月、強制的に口座から自動で引き落とされます。強制的なのがいいところです。

実は以前、私は仕事が激減して貯金も底をつき、借金するはめになるかと思いきや、子ども2人に学資保険をかけていたことを思い出しました。さらに自分の生命保険を

解約したら、掛け金の支払総額の9割は戻ってくることも判明。低レベルな話ですが、掛け捨てでない貯蓄型の保険は、いざというときに役立ちます。

追い込まれて、自分や子どもの保険を解約して、生活費に充てた話はたまに聞きます。会社でも個人でも、この手の強制天引き貯蓄は、自堕落な人間には最強です(笑)。

経営8大項目その8 時間
長時間努力した者が勝つ

これは竹田陽一が昔から提唱している原理原則。

「成功するには努力が必須。努力＝働く時間。つまり、早起き長時間労働」

商品力や営業力など、質やレベルが同じなら、あとは量で勝るしかない。質を上げるためにも稽古の量が必要です。勉強もスポーツも仕事も、勝つためには長時間の努力が欠かせない。飛行機が離陸する時も、水平飛行の3倍以上、燃費がかかる。特に独立起業したばかりの時は、軌道に乗るまで必死に頑張りましょう、という単純明快な話です。これを経営戦略の項目に入れたのは、たぶん、経営コンサルタントでは竹田陽一が初めてでしょう。京セラの稲盛和夫さんが言う「誰にも負けない努力」、日本電産・永守重信さんの「知的ハードワーキング」と同じですね。

経営の全体像「竹田式ビジネスモデル」

お客作りの対象×お客作りの知恵×お客作りの資源

1. 商品（何を）

2. 地域（どこの）

3. 客層（誰に）

4. 営業
（どうやって売るか）

5. 顧客
（既存客の維持方法）

6. 組織（人）

7. 財務（お金）

8. 時間（働き方）

「弱者の戦略」の４大ポイント

これらの経営の8大項目を踏まえたうえで、いよいよ「弱者の戦略」の４大ポイントを解説していきます。もう一度、おさらいですが、「弱者の戦略」の４大ポイントとは

①差別化　弱者は、強い会社と違うことをする
②小さな１位　弱者は、小規模１位、部分１位。何かで１位
③一点集中　弱者は、あれこれしない。１つに絞る
④接近戦　弱者は、エンドユーザーに直接営業する

です。それでは1つずつ見ていきましょう。

弱者の戦略その1 差別化

人と同じはかなりやばい

これも医師、山川雅之さんの言葉です。地方都市の福岡から30代前半の美容外科医が、先発の大手ライバルと同じことをしても勝てない。大手が総合美容外科なら、こっちは脂肪吸引に専門化。広告もライバルだらけのマスコミではなく、当時はマイナーだったインターネットに注力。商品と営業の一点突破に成功し、彼が長者番付に載った時は驚きました。その後、第102回日本美容外科学会の会長を務めました。

当たり前ですが、弱者が生き残るには、強者と同じことをしてはいけない。小が大と同じ土俵で同じことをしていたら勝てませんね。強い敵とは戦わない。自分より強くて大きなライバルがいない市場、もしくは強いライバルが少ない市場を選ぶ。市場(=商品)・地域・客層・営業方法を差別化する。顧客に選ばれるために。

ここで問題です。次の3つのうち、あなたはどれを選びますか。

1　どこにでもある商品×どこにでもある売り方

2　どこにでもある商品×どこにもない売り方

3　どこにもない商品×どこにもない売り方

これはやずや創業者が、セミナーで学んだことです。1は商品も売り方もライバルと同じ場合です。ということは、価格競争になって儲かりません。多くの会社がこの1の状況ですね。2は、商品は同じだけれども売り方で差別化している場合。例えば、コンビニはスーパーと比べて売っている商品は同じですが、当初は近さと営業時間で差別化しました。持ち帰り弁当もどこにでもある商品ですが、岩田さんはリピーターを名前で呼び、店頭でお茶も出す。さらに得意客には手書きハガキを出し、一緒にバスツアーにも行く。売っているのはほかと同じ弁当ですが、売り方でものすごい差別化をしています。

3が一番理想的です。どこにもない商品を、誰もやっていない売り方で差別化している場合です。もちろん、一定数の顧客に支持される市場があることが前提です。

やずやは最初、どこにでもある商品（クロレラや明日葉）を、誰もやっていない売り方（当時、ライバルが少なかったチラシ通販）で差別化していました。その後、この1～3の話をヒントに、どこにもない商品（＝自社オリジナル商品）を考案。世に送り出したのが「養生青汁」でした。

当時、同じ福岡ではキューサイの冷凍青汁がヒット中。その原材料はキャベツの原種ケールでしたが、味がまずいうえ、冷凍の製品をいちいち解凍して飲むのが難点でした。やずや創業者は大麦の葉にハト麦などを加えることで苦さをなくし、さらにフリーズドライ製法で粉状のスティックタイプにして、いつでもどこでも飲めるように商品を差別化しました。同じ青汁でも、従来のまずい飲み物を飲みやすくし、売り方も従来の人的販売に対してチラシ通販で差別化しました。

キューサイとやずやが大成功して20年以上たち、今では青汁や他の健康食品の通販はライバルだらけで、差別化が非常に難しい状況です。

同じく福岡の健康食品通販で会社を250億円で売却したある創業者は「健康食品の通販はもう終わったね。ライバルが増えすぎた。新規参入はもう無理」と言っていました。しかし、それは年商50億円とか100億以上を目指す場合のことです。どんな業界でも、大手との差別化と細分化と一点集中で、ニッチなすき間市場は必ず見つかります。

青汁で言えば、有限会社春秋が販売する手作り完全無農薬の春秋青汁がそれに当たります。手作りの「にんにく玉」の販売元も春秋も、ともに零細企業ですが、だからこそ、大手にはできない手作り・面倒くさい系の新鮮作りたて商品を製造して差別化できる。当然、客層も違うので、まさに生き残っています。

弱者の戦略その2 小さな1位

人は1位は覚えるが、2位以下は覚えない

商品の仕入れ以外で、一番経費がかかるのは営業コストです。営業担当者の人件費、広告代、店舗の賃料など、経費を合計すると、粗利益の大半は営業関連の経費に使われています。理想は、いかに経費をかけずに顧客を増やすか。京セラ流に言えば、「経費最小、売上最大」です。

経費がほとんどかからないのに、効果はちゃんとある販売促進の方法は何かないか。その筆頭に上がるのが「口コミ」「紹介」です。チラシなんかよりも、自分の知り合いの言葉のほうが数十倍も信頼性が高い。けれども「口コミ」や「紹介」でその会社の商品やサービスの評判が広がっていくためには、何らかの「勲章」が必要です。最もわかりやすく、インパクトも強いのが「1位」の称号です。

「日本で1番高い山は？」と聞かれて、答えられない人はまずいません。ところが、「じゃあ2番目は？」と聞かれて「北岳」と答えられる人の数はがくっと減る。3番

目となれば、もうクイズ番組の領域です。

つまり、人は、1位は覚えるけれど、2位以下は覚えない。あなたが「このへんでおいしいラーメン屋はどこですか?」と聞かれたら、自分の知っているなかで一番おいしい店を紹介するはずです。わざわざ2番目の店を紹介しないでしょう。それは、人は誰でも、相手の役に立ちたい、喜ばせたい、と心のどこかで思っているからです。ここがポイントです。だから、何かで1位になると、口コミや紹介が一気に増え、結果として利益も増えます。

日本一になるのは大変ですが、分野やエリアを絞っていけば、小さな1位は必ず見つかります。福岡市の大濠公園北にある自家焙煎「あべこーひー」を経営する阿部吉宏さんは、スペシャリティコーヒー専門店を起業して間もないですが、師匠の千葉県「さかもとこーひー」の坂本孝文さんいわく、「平均の2倍の早さで成長している」。

私もこの店のユーザーです。人口150万人の福岡市内には先発のスペシャリティ自家焙煎店が多数あります。しかし、この大濠公園北地区にはライバルがいません。市内で1位ではないが、店舗の半径1キロ以内なら1位です。

商品や地域、客層で細分化すれば、必ず誰でも小さな1位があります。

弱者の戦略その3 一点集中
「強者」は何でもやる、「弱者」は1つに絞る

例えば、一部上場で社員1000人超の住宅会社なら、「新築も中古もリフォームも、シロアリ駆除も太陽光発電も何でもやります」でもいいでしょう。

しかし、社員5人の会社が「うちも何でもやります。どこでも行きます」ではすぐにパンクです。当たり前の話なのですが、後発で資源も人員も限られた小さな会社は、何かに一点集中するしかないですね。

HISは今では国内旅行も扱いますが、創業から10年間、商品は国際線の格安航空券だけに一点集中しました。

海外格安航空券はイメージも良くないし儲けも少ない。さらに客層もお金がない学生が中心。商品も客層も、大手にとっては魅力が少ない。だから、そこに一点集中すれば小さな1位がとれると戦略的に判断したわけです。10年で海外格安航空券というニッチ分野で日本一になり、その後、事業を海外旅行ツアーに広げました。さらにその後の10年で、海外旅行全体でも日本一となりました。

ところが、世の旅行代理店のほとんどは数人の小さな会社なのに、商品は国内も海

非関連の多角化は、空中分解

M&Aに惑わされるな、欲を出すな

ランチェスター経営(株) 竹田陽一

外も全部扱う。呼ばれたらどこでも行き、誰でも相手にする。

「うちは何でもやっているのに、なぜうまくいかないのか?」

「それは何でもやっているからです(笑)」

とても単純なことですが、起業すると、これを勘違いしてしまう人が多い。サラリーマン、特に大企業や従業員数百名ぐらいの中堅企業だと、商品・地域・客層別に仕事が分担されています。ところが独立すると、最初はお客が少ないので、焦って何でもやろうとしますね。サラリーマンは会社の戦略のもとで、各分野の戦術を担当していますが、起業したら戦略も戦術も自分で立てて実行しなければならない。ところが、普通のサラリーマンは、戦略を立てた経験があまりなく、自分の置かれている状況をなかなか客観的に見ることができません。

絞るのは怖い

よく聞くのが、「商品・地域・客層を絞る、一点集中するというのはわかる。けれども売り上げも減るじゃないか」という懸念の声です。「僕は広告デザイナーですが、商品をロゴマークのデザインに絞ったら、それ以外のチラシやポスターの売り上げがなくなる。だから、絞るのには勇気が入りましたねえ。なかなかできなかった。でも、栢野さんも、他のそれなりの本やセミナーでも、結局、みんな同じことを言っている。絞れと。結局、ロゴマークに絞って大正解」と話すのは、福岡市のロゴマーク専門デザイナー、デザイングレイスの根本和幸さんです。

博多・中洲地区の半径500メートルだけに営業地域を絞り、小さな成功を収めた福一不動産の古川隆社長も「竹田陽一さんの音声教材を毎日聞いたが、商品・地域・客層を絞れと言う。理屈はわかるが、絞ると怖い。他を捨てるのだから、当然、売り上げのチャンスをなくすと心配して、2年以上、実行できませんでした」と振り返る。

「選択と集中」は、戦略の基本の1つです。多くの事業チャンスのなかから特定の商品分野を選択し、さらに特定の用途や客層に集中する。自分とライバルの実力を客観的に見比べ、勝てる商品・地域・客層に一点集中する。一言で言うと、他の9割は捨てる。言うは易し、行うは難し。勇気と決断力がいりますね。

「人には無限の可能性がある。でも、たった1つしか選べない」

この言葉は先ほども紹介しましたが、ラーメン博多一風堂の河原社長が40歳を過ぎて気づいたことです。それまではラーメン店のほかに、焼き肉店、居酒屋、たこ焼き店、カレー店、さらには浄水器販売やパソコンスクールまでやっていました。

しかし、どれも中途半端でそれぞれの専門家には勝てない。そこで44歳の時、ラーメンに一点集中し、ほかの事業は廃業しました。その結果、4億円だった年商は200億円を超え、大躍進しました。

弱者の戦略その4 接近戦

常に相手の上をいく作戦を考える。

弱者の戦略のもう1つのポイントが、「接近戦（＝営業の差別化）」です。

岩田さんは、奥さんが行った美容室からお礼のハガキが来たことに衝撃を受け、自らも弁当店のお客に、来店のお礼ハガキを出しました。さらにリピーターの顔と名前を覚え、接客時にお客さんの名前を呼んだ。そんなことをされれば、お客は親しみ感じてファンになりますよね。普通は来店しても、ビジネスライクな対応をされるだけで、お客さんは何も感じないですから。

さらにチラシ。他社はせいぜいポスティングですが、岩田さんのところはチラシを持った人間が、オフィスや店や工事現場に出向いて挨拶しながら手渡しします。これぞまさに接近戦。「同じ宅配弁当なら、岩田さんのところに頼もう」となります。

最近では、電子メールで割引クーポンなどを送る店舗も増えていますが、ライバルが顧客への一斉メールなら、岩田さんのところは個別に手書きしたハガキを送る。もし、ライバルが手書きハガキを始めたら、顧客に電話をかけて話す。ライバルが電話を始めたら、訪問して会って話す……。ライバルと比べて商品力に優位性がない場合、接客や営業で差別化するしかなく、常に相手の上をいく作戦を考える必要があります。

岩田さんは店のお客やその家族と、ランニングサークルでの活動やバスツアーをしています。ビジネスを超えた驚異の接近戦であり、ライバルがこれを上回ることはまずできないでしょう。

Part 2

弱者の
4大戦略で
利益は必ず出る

第3章

成功する商品の選び方

この章では経営の8大項目のうち、小さな会社にとって特に大事な、①商品（何を）、②地域（どこの）、③客層（誰に）、④営業（どうやって新規客をつくるか）、⑤顧客（リピート・ファン・信者づくり）について、さらに深く見ていきます。

まず、商品について考えてみましょう。岩田さんの場合、いろんな商売に手を出してことごとく失敗し、最後に残った弁当店で成功しました。しかし、それは弁当店が儲かる事業だったからではありません。同じ弁当店チェーンでもダメな店はたくさんあります。

第2章でも強調しましたが、小さな会社・弱者の基本戦略は次の4つです。

弱者の4大基本戦略

戦略1　強者や大手と違うことをやる「差別化」
戦略2　総合1位でなく「小さな1位」
戦略3　あれこれではなく「一点集中」
戦略4　顧客とじかに「接近戦」

これらを実現しやすい商品分野があります。それは、大量生産・大量販売ではなく

・手作り、少量生産、オーダーメイド
・市場が小さい、ニッチ
・衰退産業
・イメージが悪い、怪しい

が当てはまる分野の商品です。

もっと端的に言えば、大手やエリートがばかにする分野ですね。それぞれ見ていきましょう。


では、弱者の戦略の実践例を見ていきましょう。

一戦略1一 強者や大手と違うことをやる「差別化」

にんにくと卵黄のみを長時間釜で煎りあげた健康食品「にんにく卵黄」という商品をご存じですか。テレビCMで見かけたことがある、という人もいると思います。

にんにく卵黄はもともと九州南部の伝統食なのですが、今や健康食品の定番になっています。大手はやずやと健康家族の2社。ともにこの商品単体で、50億〜100億円を販売しています。中小・零細企業にとっては、この大手2社を相手に存在感を示している福岡県久留米市の「にんにく玉本舗」（株式会社燦樹《さんじゅ》・山田一郎社長）のやり方がとても参考になります。

手作り（面倒くさい系）

もともと、山田さんのお父さんが家の鍋でにんにく卵黄を手作りで製造したのが始まりで、それをそのまま丸めたのがこの会社の主力商品の「にんにく玉」です。はっきりいって見た目はグロテスク。たとえが非常によくないのですが、私には泥団子のように見える。ところが、見た目を取り繕うこともなく、あえてそのままで売っています。

「他社はゼラチンのカプセル入り。そのため、にんにく卵黄の純粋な成分は1粒の半分の重量しかない。うちはそのまま丸粒にしているので、成分は大手の2倍です！」と山田さん。

年商は、やずやなどの大手の10分の1以下ですが、手作り・面倒くさい系で差別化に成功し、着実に成長を続けています。営業もネットに特化して広告宣伝費を抑え、利益を出しています。まさにゲリラ戦ですね。

少量生産

養鶏場は、倒産・廃業が多い業種の1つですが、福岡県八女市の「和食のたまご本舗」は違います。

卵は鶏から生まれる、鶏の良しあしは餌と飼育環境で決まる、ならば餌と飼育環境を差別化するしかない。久間康弘社長はこう考え、大量生産の餌を使わず、地元の八女茶、ヨモギ、海藻、ミネラル水などを餌に取り入れ、試行錯誤のうえで完成させたのが「和食のたまご」です。

メインの卸販売先はスーパーマーケットです。通常卵は、豆腐や牛乳と同じく、安売りの目玉商品として低価格販売が常態化しており、売上額も大きいが競争も激しく、薄利多売で儲からない商品になってしまっています。

「和食のたまご」の価格は普通の卵の3〜5倍。なのに、いつもすぐに売り切れる。値引き販売もなし。我が家でもたまに使いますが、黄身が盛り上がっていて、見るからにほかと違う。味が濃く、栄養満点そうです。

ネットで「和食の卵」と検索して、自称「醤油と卵の探究をする鬼」のブログをぜひ見てください。和食と醤油に合う卵をひたすら追求し、生産・販売するのが趣味であり仕事にもなっている。まさに天職ですね。久間社長は、手作り・面倒くさい系の商品で他社商品との差別化に成功し、増収増益を続けています。年商10億円のうち、9割は生協やスーパー向けの大量生産品が中心ですが、今後は大量生産する卵をどんどん減らしていき、あえて減収増益にする計画です。そのほうがバタ貧に陥りにくくなります。

これが本当の「手作り」

千葉県のジェリーフィッシュはちょっと変わったものをネット販売しています。ヒントは、石鹸。こだわりの少量生産・手作り石鹸だと思った人ははずれです。この会社が売っているのは石鹸の材料と器材。つまり、お客が自分で作る「手作り石鹸キット」を販売しています。

ずぼらな人は「なんで石鹸なんて作るのか」と思うかもしれませんが、石鹸にこだわりを持っている女性は意外に多くいます。自分のオリジナルのレシピで石鹸の香りや泡の肌触りを楽しみたい人から、天然成分中心の肌に優しい石鹸が欲しい人まで、ニーズはさまざま。石鹸の作り方はホームページで詳しく解説しています。
顧客が自分に合った商品をカスタマイズして作れるようにすることも、「非大量生産の発想」がなければできないことです。

これと同じ視点で商品を差別化した事例をもう一つ紹介しましょう。

私が数年前、香川県で講演したときのことです。会場で「今日の参加者で一番儲けているのは誰ですか？」と聞いたら、みんながある人を指さしました。聞けばその方は、うどん店を数店舗経営しているとのこと。香川は言わずと知れた「うどん県」なので、「フツーだよなあ」と思ったのですが、飲食店というのは実際に店に行って食べてみないと実力のほどはわからない。そう思い、翌朝店に行ったのですが、驚きました。

店内食とは別に、レジ横を見ると「元気玉」とありました。よくある持ち帰り用の麺とスープのセットかと思いきや、なんと元気玉の正体は麺にする前の小麦粉の玉だったのです。さらに、一緒に生地を伸ばす棒も売っている。なるほど！

その瞬間に、想像したのは、これを家に持って帰り、厚手のビニール袋に入れ、足で踏んでこねて、麺棒で伸ばし、切ってゆでている自分の姿。これを子どもの前でやったら「うわー、パパすごい！」となるじゃないですか。贈り物にも面白い。ちょっとした会合でも使えそう。

ところが、大手麺メーカーはまねしにくい。半ナマ製品なので鮮度管理などの取り扱いが面倒だし、冷凍麺などに比べると市場はかなり小さい。だから大手は、こういうニーズがあることに気づいても、手を出さないのです。

あなただけの人形

私が本拠を置く福岡では、かつて贈り物と言えば博多人形が定番の1つでした。しかし今ではそうした認識が徐々に薄れ、市場規模はピーク時の3分の1になりました。博多人形の老舗「人形のごとう」も、10年前はドン底状態でした。そこから、「弱者の商品戦略」で這い上がってきました。

「人形のごとう」で、1番売れているのは「博多そっくり人形」です。

お客さんから渡された顔写真をもとに、その顔をしたオーダーメイドの博多人形をつくる。世界に1つだけの人形です。生まれた赤ちゃんそっくりの博多人形や、88歳のおじいちゃんそっくりの博多人形ができあがってくる。顔写真の特徴を捉えて本当にそっくり再現しているので、当事者や関係者にはたまらない。

ホームページに、お客さんの喜びの声が載っていました。なかでも、私が個人的に感動したのが、子どもの人形を発注したお母さんのコメント。

「5年ぶり……わが子に出会いました」

事故か病気で亡くなったわが子の人形だったんですね。いや～参った。

手作りで、多忙時はオーダー待ち状態。ところでこのオーダーメイド人形、いくらすると思いますか?

あるセミナーで、参加者に聞いてみました。

「3万円」
「1万円」
「5万円」

答えは42万円!

会場からは、「えっ、え～(そんなに高いの?!)」という反応がありました。でも、

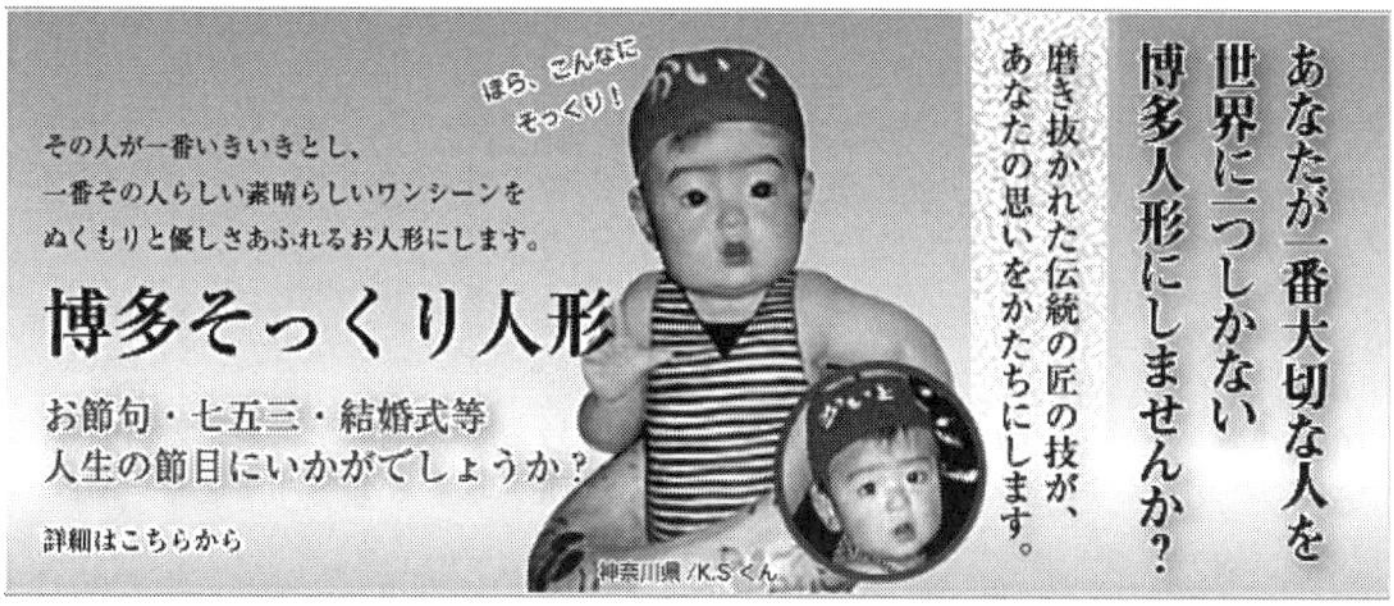

博多人形の老舗「人形のごとう」が製作する博多そっくり人形

この世にたった1つのオーダーメイド、わが子にも逢える。それなら富裕層にとっては安いものです。さらに、大手チェーンがしない人形の修理や供養まで手がけます。

注文は口コミやインターネット経由が中心。博多そっくり人形というコンセプトが面白いから、マスコミの取材も定期的に来る。そして、注文も増える。このような面倒くさい商品に、大量生産のメーカーは決して手を出さない。

中小・零細企業だからこそできるオーダーメイド作戦を、あなたの業界でもぜひ考えてみてください。名入れなど、「手作り・面倒くさい系」の加工による商品の差別化は、他の業界でもやろうと思えば比較的簡単にできます。

神社で祈禱して出荷

お菓子で差別化と言えば、ほとんどの人は「味で勝負」と思うでしょうね。でも、味というのは、競争が厳しい。世の中にはおいしい食べ物がたくさんあります。少し柔軟に発想すると、味以外の差別化戦略が見えてきます。

香川県高松市の老舗せんべい店「宗家くつわ堂」のメイン商品は、大きな「瓦せんべい」です。1枚1枚の手焼きが売りですが、通常の商品のほか、オーダーメイドで誕生日メッセージや会社のロゴマーク、社印などをせんべいに押した特注品を作っています。

さらに、受験シーズンには絵馬型の「合格せんべい」を絵馬とセットにして販売しています。合格の文字が刻印されているのですが、その焼き印の型は学問の神様、菅原道真公を祀る滝宮天満宮で祈願したものを使用し、祈願の様子を撮影した動画をホームページで公開しています。ここがポイントです。

神様のパワーを借りて商品を作るとはすばらしいですね。

合格せんべいの値段は通常の2倍ですが、それでも5枚300円程度で絵馬が付く。

もらった人はもちろん、買って贈る人も、値段に関して文句を言わないでしょう。

購買率100%の営業DMとは?

鹿児島市の化粧品通販会社、吉田アイエム研究所は、実験として既存客80人にある商品のダイレクトメールを出しました。すると、なんと全員が買ったそうです。

購買率100%! どんな内容だったと思います? 小手先の心理操作? 今だけ限定とあおった? 半額?

いいえ、違います。

実は、お客一人ひとりに、手書きでその人に向けたメッセージを書いて送ったのです。同じメッセージの大量発信ではなく、内容も全部違う。既存客でも、普通は同じ文面のメルマガやDMを送っていますよね。考えてみてください。年賀状でも、文面全部が印刷文字のハガキは読み飛ばしますが、一行でも手書きがあると目を留めて読みますよね。それと同じことです。

なぜ印刷より手書きのほうがいいと感じるのか? それは手書き文字を見た瞬間、「この人は手間ひまかけている」「私のことを認めてくれている」「これは私だけへのメッセージだ」「みなさんにではなく、私に声をかけてくれている」などと感じ、うれしくなるからです。心に響くんですね。

心理学的には、マズロー欲求5段階説の「承認」欲求を満たすことになります。

いずれにしろ、弱者・小さな会社の商品戦略の基本は、大量生産ではなく少量生産です。究極は、顧客一人ひとりのオーダーメイド。そして顧客の心に響く商品を目指す。手作りは面倒くさく効率が悪いので、大手や強者は手を出しづらい。ここがポイントです。

以前、本書監修者の竹田陽一の音声教材を買いました。声はプロのナレーターがスタジオ録音した量産品でしたが、最後の部分を聴いて、自分の耳を疑いました。

「栢野さん！　いつもありがとう！　あなたは毎月、勉強会を開催して地元を活性化していますね。今後も頑張ってください！」

なんと竹田陽一本人の声で、私へのメッセージが入っていたのです。

ダビングして量産されたと思っていた教材から、個人へのメッセージが発せられたんですから、本当に驚きました。

本人にどうやったのかを聞くと、商品の予約名簿を見ながら、押し入れの中で個別に吹き込んだそうです。私は感動して、他の教材を追加注文しました。まんまと引っかかりました（笑）。

―戦略2＋戦略3―
あれこれではなく「一点集中」で「小さな1位」を目指す

「差別化」の次は「一点集中」と「小さな1位」です。

中小零細企業は、欲張ってあれこれしない。ただでさえ、力が弱いのに、それを分散させたら、いっそう弱くなるだけです。トータルでは弱い力でも、範囲を狭めていけばその中では大手に勝る力にもなりえます。

考え方は単純明快、1つに絞る。

やずやも最初は、一点集中の戦術をとっていました。年商3億円までは、自社オリジナルではなく仕入れた青汁「明日葉」を販売。その後、自社オリジナル商品の「養生青汁」に替えて年商十数億円。次に「にんにく卵黄」を加えて30億円。さらに「雑穀米」をラインアップに加えて50億円。続いて、黒酢の健康食品「香醋《こうず》」が爆発的に売れて、4品目で年商は350億円になりました。

健康家族は「にんにく卵黄」だけで年商100億円、手作り系の「にんにく玉」は数億円。キューサイも皇潤のエバーライフも、福岡の通販系は「単品通販」の優等生と言われています。

「深く穴を掘れ。穴の直径は自然に広がる」

これは、やずやの創業者がまだ夫婦2人＋パート1人の頃、経営計画セミナーで講師から学んだ言葉です。まさに弱者の戦略を一言で表すいい言葉です。

会社が小さい頃は、あれこれやるとパワーが分散して失敗する。1つに絞って深く掘っていく。そうしたら、あとから自然に関連商品が出てきますよ、という意味です。まあ、1つに絞るのは勇気がいります。

狂牛病の時の牛丼店のように、メイン商品に何かあったらどうするのか。だから、リスク分散であれこれやっておくべきだという正論を吐くコンサルタントもいます。だが、万が一のリスクに遭遇する前に、経営が行き詰まってしまっては元も子もない。そうしたリスクは、事業規模がもっと大きくなってから考えればいい。小さいうちからあれこれ多角化すると、どれも中途半端になり生き残れない。中小・零細の基本原則は「一点集中」です。

ロゴマーク専門のデザイナー

広告印刷デザインには、新聞やチラシやポスターなど、さまざまなデザインがあります。私も起業当初は広告代理業をやっていて、「広告系なら何でもします！」と言っていました。同じように、広告デザイナーで独立し、「何でもやります！」と打ち出して食えなかったのが、今や福岡ナンバーワンのロゴマーク専門会社、デザイングレイスの根本さんです。

多くの人がついやってしまうのが、この「何でもやります！」。旅行業なら国内も海外もチケットもツアーも団体も、住宅業なら新築・中古・売買・賃貸・リフォームまですべてお任せください、という感じでやってしまう。

社員も組織も資金もある大企業が何でもやるのはいいのですが、自分一人やスタッフ数名の小さな会社が、大手と同じく「何でもします」というのは、まず物理的に無理がある。

さらに、「何でもします」という打ち出しは、顧客から見ると何が得意なのかがわからず、専門分野がないように映る。その結果、仕事が来ない。根本さんも起業後、仕事が入ってこなかったので、当初は広告代理店や印刷会社の下請けデザイナーに甘んじていました。

以下は根本さん談。

それでも食えないので、週末はアルバイトをしていました。そのバイト先のテント屋さんから、「お前、デザイナーなら、うちのロゴマークを作ってよ」と言われた。いくつか作って見せると「すごい！　オレの言いたいこと、伝えたいことが形になっている！　お前は天才か！　ありがとう！」と喜んでもらえました。それまで、下請けの仕事しかしてこなかったので、エンドユーザーの声は初めて聞いた。感動した。震えた。魂のごちそうをもらった。やっぱり下請けではなく、お客さんからじかに発注してもらうほうがいいと思いました。

でも、営業なんかしたことがない。どうしようかと思って、いくつか本を読んだんです。その中に栢野さんの本もあった。「商品・地域・客層を絞れ」と書いてある。

専門化、ポジショニングが大事だと。でも、絞ったら売り上げが減るのは明らか。正直怖い。実行するには勇気がいる。でも、このままだと永遠に下請けだ。ここは勝負に出るしかない。

いろいろ考え、「商品」は自分が好きで得意な「ロゴマーク専門」に絞りました。名刺にもホームページにもブログにも「ロゴマーク専門」と書いて、「地域」は福岡市内、「客層」は中小企業の経営者に絞りました。大企業向けは電通や地場大手に勝てないけど、中小なら勝てる。

営業をしたことはなかったのですが、経営者が集まるセミナーや勉強会に出まくり、そこで名刺交換して、「お礼ハガキ＋ロゴ新聞」で定期的にフォローをしました。

私も「弱者は絞るしかない。商品・地域・客層を絞る」と定番の講演をしていましたが、根本さんの「ロゴマーク専門」はすごいと思いました。そこまで絞るのか、と。さらに当時、地元の経営者の会合で、根本さんの姿を頻繁に見ました。その後、根本さんは、名刺交換で知り合った経営者をフォローするため訪問挨拶をしていました。

大事なのは行動することです。

専門特化すると相手から覚えられやすくなる。だから口コミや紹介が出やすい。この情報過多の時代、どんな業界にも多くの会社や店があります。だからほかと同じでは周囲に埋もれて見えなくなる。顧客もどこに頼んだらいいのかわからない。

ナンバーワンは人に覚えられるが、ナンバーツーは覚えられない。

それは世界一や日本一でなくていいんです。商品・地域・客層を細分化すると、1位になれる市場は見つかる。例えばNTT電話帳では8000種類の職業分類があり、さらに地域や特殊用途に小分類すると3万種類になるそうです。だから、商品・地域・客層で市場を細分化すると、必ず何か、あなたが1位になれるニッチな市場がある。いわば小規模1位・部分1位です。

しかし、根本さんが悩んだように、一点集中で絞るということは、ほかを捨てることにもなります。また、絞ってもダメな場合だってあり得る。だから、そんなに簡単なことではありません。シミュレーションはいくらでもできますが、最後は実際にやってみるしかない。何とか取り返しのつく範囲内で、テストや行動をしてみるしかないですね。

「味がおいしすぎない、程よくおいしい」が秘訣

福岡市にある串揚げ専門の繁盛店「串匠」の野中一英社長は、35歳で起業して20年たちます。串揚げ店を今まで8店出したものの、5店は閉め、現在3店舗です。黒字経営の秘訣をこう語ります。

「どんな業界も過当競争。商品は絞るしかない。何でもある居酒屋で小が勝てるはずがない。その点、串揚げ屋は強い敵が少ない。ここなら小さな1位になれると考え、その高級版に僕は特化しました。それでも半分以上は閉店。起業は生き残り合戦。生き残るためにはトンガルしかない」

友人の豊永憲司さんは今まで化粧品、掃除業、内装業、ミートパイ店、焼き鳥店などにチャレンジしてきたが、そのすべては撤退や譲渡、夜逃げに終わりました。しかし、40歳から始めた唐揚げ弁当の持ち帰り専門店「博多とよ唐亭」は、4年で17店を出店し、年商は5億円です。「弁当屋をやろうと思ったんですが、ほか弁に勝つには単品専門店しかない。直感で出した小さな唐揚げ弁当店が最初からヒットし、2号店がホームランになった」。その勢いで次々と出店。100店舗が目標と言う。

唐揚げ弁当なんて、コンビニやスーパーや持ち帰り弁当店など、どこでも売っている。なぜ「博多とよ唐亭」は成功したのか？　答えは、強い唐揚げ弁当の専門店がなかったからです。コンビニやスーパーの弁当は工場出荷で冷めているが、「博多とよ唐亭」は揚げたて、できたてでうまい。さらに価格が330円と、できたてのライバルである持ち帰り弁当店より100円も安い。飲食店コンサルタントの大久保一彦さんは成功の理由について、「味がおいしすぎず、程よいおいしさで再来店を促している」ことにあると見ています。

日報に特化したコンサルタント

絞り込みの成功事例をさらに紹介します。ヒントをつかんでください。

職種は、日報コンサルタント。しかも中小企業の社長向け。

初めてこの話を聞いた瞬間、「あっ、これはいける」と思いました。山口市に本部を置き全国にFC展開中の日報ステーションです。

日報と聞くと、サラリーマン時代にいやいや書かされたという悪い印象を持つ人もいるかもしれませんが、私には良い印象があります。自分で日報や週報を書くことで計画、実行、結果を整理整頓しチェックできます。ただ、日記と同じで、自分だけでやろうとすると自己管理が難しい。そこに他人からの強制やアドバイスが加わると、クライアントは成長するし、指導するコンサルタントもお金がもらいやすいと思いました。

日報コンサルタントの仕事は、クライアントの日報を毎日チェック・添削・返信して月額3万円前後。1回あたりのコンサルタント料は1000円。この価格帯であれば、大手コンサルティング会社は見向きもしない。しかし、中小企業や自営業に需要はある。私もそうですが、自分で自分を管理できる人は少ない。特に社長になると、基本的に誰からも強制されず、結果として自堕落になる。それを防ぐのが日報コンサルタントで、ニーズは確実に存在します。

葬儀専門の人材派遣会社

人材派遣業でも、後発で伸びている会社は専門特化しています。福岡市の人材派遣業で1番伸びている「晴天《あおぞら》」は、葬儀場向けの派遣会社です。

派遣業界の中で葬儀場向けは、大手どころか誰もやりたがらない。ライバルが少ない。だから、チャンスがあります。

それに葬儀社向けですから、365日、24時間、いつでも対応OK。そんな対応をしている人材派遣会社は多くない。当然、熱意と根性がいりますが。

代表の白水ルリ子社長は会社員時代に詐欺に遭い、1億円の借金を抱え、その返済のために睡眠時間を削って仕事を掛け持ちしていました。人材派遣で起業を考えた時、華やかな結婚式やイベント向けは競争が激しかったが、葬儀社向けは地元で1社しかなかった。試しに電話してみると、ものすごく高慢でいい加減な対応だった。ここなら勝てると思ったそうです。

まさに、人の行く裏に道あり花の山ですね。

衰退産業も狙い目

畳の市場規模は1970年代の3分の1に激減しましたが、だからこそ頑張っている畳屋もあります。関西のT社は、夜間に和食店や居酒屋などの畳を交換するサービスを展開し伸びています。顧客の飲食業は店を休まずに畳を替えることができるので、重宝されています。

福岡県春日市の井口タタミフスマ店も業績好調です。フローリングが普及したため畳の市場は縮小しましたが、一方でライバル会社もリフォーム業への転業や廃業でほとんどいなくなりました。そのため、近隣にある賃貸物件の転居時の畳張り替えをほぼ独占して受注しています。まさに「残存者メリット」です。

さらにエンドユーザー向けに、ネットで畳を直販しています。畳屋は廃業が増え、地域によっては近所に畳屋がないところも結構あります。だから、通販で売れる。時代は少子高齢化。逆に和室が見直されています。

このように衰退産業であってもチャンスはあります。ただし、ライバルが脱落するまで踏ん張らないといけない。そこを耐えることができれば、「残存者メリット」にあずかれる可能性があります。

残り物に福あり

福岡市のレコード販売店「チクロマーケット」（福田剛代表）も元気です。「今どきレコード？」と思うなかれ。地元でも全国でもレコード店は廃業だらけですが、ＤＪを目指している人とか、アナログ好きとか、レコードを購入してくれるマニア層はしっかりいる。店舗以外のネット販売も規模は小さいながら順調です。

バブル崩壊後は公共工事が激減しましたが、それ以上にライバルも減った。福岡県内のある中堅建設会社は、ライバルよりも一歩早くリストラを終え、黒字体質になりました。「10年くらい我慢して、ライバルの廃業を待ちました。残り物に福あり戦略です」と、その会社の専務は笑顔で話していました。

怪しいからチャンス

男性向けカツラは、CMで広告している大手メーカーで価格が70万〜100万円といわれています。その業界に価格破壊を起こしているのが、日本初のネットカツラ販売「ウィズアルファ」です。商品の価格はなんと15万円前後と、大手の5分の1から7分の1。年商は1億円前後で社員数名ですが、健全経営を10年以上継続中です。

低価格だと「安かろう、悪かろう」というイメージを抱きがちですが、委託製造先は中国やインドネシアにある元大手メーカーの委託製造先企業だという。だから品質には自信がある。安さの理由は、テレビCMなど費用のかかる広告宣伝をしないから。

さらに、電話や店舗で強引に勧誘する営業担当者がいないので、その分の人件費も必要ない。コストの安いネットで集客し、さらにカツラの型とりや整髪は、全国の提携理美容店で行うので固定費がかからない。以上の理由で、質を下げずに大幅な価格ダウンが実現できたという。

カツラはバレたくない。つけていることを隠す。だから口コミや紹介も出ない。その結果、この手のコンプレックスの解消を目的とするビジネスの一部には、顧客の弱みにつけ込んで高額商品を重ね売りする会社もあると聞きます。

そもそも代表の宮崎弥生さんは、ホームページ制作業で独立しましたが、4年間は月商10万円程度で泣かず飛ばず。そこで、ネットで自ら販売できる商材を探すために、さまざまな経営交流会に参加しました。たまたまカツラのユーザーと理美容店の経営者に会い、その2人からカツラが高額であることやカツラ業界の不可解さを聞いた。さらに、病気治療に伴いカツラに10年で800万円もつぎ込んだ女性の知人から、「あなたが安くして！　助けて！」との叫びや悩みを聞いて、今の事業にチャレンジしました。

「厳しい、マジメ、正直」が売りの英会話教室

十数年前、福岡の英会話学校の福岡コミュニケーションセンター（FCC）は、ほとんど倒産寸前でした。売り上げ3000万円に対して、消費者金融やカード会社12社から借金1700万円。しかし、現在は、年商1億円で無借金の優良会社になりました。

長年苦しみましたが、大手英会話学校ができない「手作り・面倒くさい系」の授業内容が奏功しました。

その商品の1つが「英語日記」。文字通り、生徒全員に英語日記を書いてもらい、提出してもらう。そして、講師が間違っているところだけにラインを引いて返します。そして生徒にもう一度書き直してもらい、2度目で添削して返します。

さらに宿題を出す頻度も高い。生徒は大変ですが、学校側や講師にとっても大きな負担がかかる。効率重視の大手チェーンでは無理でしょう。しかし、宿題をやれば生徒の力は確実に伸びます。

さらに広告の内容も、大手チェーンの「誰でもどうぞ。楽して、簡単、すぐ話せ

る」に対し、FCCは「マジメで厳しい。英語日記も強制するし、宿題も出します」と打ち出し、あえて客層を絞りました。

そして他社に先駆けて返金保証を打ち出した。かつて英会話学校のなかには、受講者が100回分のチケットを先払いで購入し、50回目で「やめます」と言っても返金しないところがあり、問題になった。また、定員以上にチケットを売るという、一種の悪徳商法が横行していたこともありました。

この状況はおかしい、と社内で協議し、FCCはチケットを購入して途中でやめる場合、率先して残金を返金しようと広告やサイトに「中途解約・返金に対応」と掲載したのです。結果は返金額が3倍に増えましたが、FCCの誠実な姿勢が口コミ紹介にもつながり、生徒の数が一気に増えました。

その数年後、英会話大手で不祥事が相次ぎ、経済産業省の通達で契約書に「中途解約の場合は返金します」と盛り込むように変わりました。時代があとからFCCに追い付いたわけです。

お客様（＝生徒）にとって良いことをやる、手作り・面倒くさい系でサービスを充実させ、さらに正義を貫く。先ほどのカツラや英会話業界など、怪しげに見える業界には、その分だけ改革・改善のチャンスがあります。

新築住宅クレーム処理はブルーオーシャン

ある勉強会で会った社長と名刺交換をしました。

「仕事は何ですか？」

「新築住宅のクレーム処理代行業です」

その社長から1分間ヒアリングをして、

「それはすごい！　儲かっているでしょう！」

「なんでわかるんですか！　ちょっと話しただけで」

「手作り・面倒くさい系だからですよ」


これはすごい。そんなニッチな仕事があるのだと、感動しました。こんな面倒くさいことを大手は普通しません。話を聞くと、社員十数名で売り上げは1億円を超えている。売り上げはほぼ粗利です。事業内容は次の通り。

新築の家やマンションが完成し、ユーザーに引き渡すとき、「ドアに小さな傷がある」「壁の色が事前の打ち合わせと違う」「ユニットバスに小さな穴がある」など、住宅会社に細かいクレームが入るのは日常茶飯事です。なにせユーザーにとっては100万円単位の買い物ですから、当然です。その細かいクレームを聞いて、ハウスメーカーや床材メーカーの代わりに駆けつけ、プチリフォームなどをして家主を納得させるというのが、この会社のクレーム処理代行ビジネスです。

クレームのほとんどは小さな傷に関するもので、家主側の勘違いや誤解もよくある。苦情があると担当者がすぐに現場に駆けつけ、反論せず、お客様の声にじっくり耳を傾けます。そして、誤解はきちんと解き、傷や不具合があれば専門技術できれいに直します。

本来はハウスメーカーや建材メーカーが対応すべきですが、後ろ向きの仕事は誰でも嫌なもの。プライドのある大手企業の社員なら、なおさらです。大手の本音は、そんなモチベーションを下げる仕事に人を取られるより、新築物件の営業に人を回したい。だから、クレーム代行は重宝されるのです。クレーム対応の単価も1回5万円以下とのこと。

住宅業界の仕事では、新築のステータスが最も高く、その次に来るのが中古販売やリフォーム。クレーム処理とプチリフォームは、底辺に近い。つまり、「手作り・面倒くさい系」です。まさに業界の末端の仕事。だから大手は手を出しません。

年商20億円のリフォーム会社社長にこの話をしたら、「あー、知っているよ」という言葉だけで無反応。なぜなら、リフォーム工事の単価は70万円以上なので、単価数万円の仕事などには見向きもしないわけです。だから、住宅のクレーム処理代行の市場はライバルがほとんどいない。ブルーオーシャンです。

自分の足元を探す

その業界の中で単価が低く、カッコ悪く、手作り・面倒くさい系の仕事はないか、という視点でもう一度見回してみてください。高効率・大量生産に向かない仕事は、粗利が高いにもかかわらず、業界大手は見向きもしない。探せば何かそういうニッチな市場が見つかるはずです。

やずやの創業者は44歳まで靴磨き、タオルの卸売り、結婚式の司会業、クロレラの訪問販売など、10回以上も職を変えています。そして倒産寸前となり、それをなんとか乗り切った数年後、経営計画に関する合宿セミナーで講師とともに自分の44年間を振り返り、内観しました。それまでは天職となる新規事業を外に探していましたが、内観を機に、実は創業期からずっと続けていた健康食品の販売こそ天職であり、自分が世の中に役立つにはそれしかない、と目覚めたのです。

一風堂の河原社長も、全国のラーメン店のチャンピオンを決めるテレビ番組に出演し優勝した時、スタッフや店舗関係者が涙を流して喜んでいる姿に感動し、彼らから「おめでとう、よかったね」と声をかけられ、「俺の天職はラーメンだ」と気づきました。既にラーメン店を15年やっていたのにもかかわらずです。それ以降は、いろいろとやっていた事業をやめて、ラーメン店だけに絞りました。

20～30代は、若いのでいろんなことにチャレンジする。しかし、40代からまったく新しいことにチャレンジしても、20代からやっている人には、なかなかかなわない。

自分の人生を決めるヒントは、やはり今までの経験の中から探したほうが現実的でしょう。「どこかにないか」と遠くを見るのではなく、ヒントは自分の足元にあり。職歴・趣味を深く掘るのが近道です。

━戦略4━の「接近戦」は、第6章「成功するお客の作り方」で詳述します。

第4章

成功する地域の選び方

自分はどこでやれば成功しやすいか？　強いライバルと比べて、自分の地域をどう「差別化」し、どの地域に「一点集中」し、「小さな1位」になるのか？

弁当店経営の岩田さんの場合、商品も店もライバルと同じでしたが

・お客さんへハガキを書く
・名前を覚えて接客する
・店頭でお茶を出す
・客層を絞る
・デリバリーのエリアを絞る
・外回りの営業をする

・ニューズレターを発行する

など、接客・営業のやり方を変え、営業する地域や客層も絞った結果、年商6000万円が1億円になりましたね。

地域が悪いとぼやいても、地域自体は変えようがないですから、自分が変わるしかない。同じ場所でも、岩田さんのようにやり方の工夫で変わることができます。

エリア縮小で売り上げ3倍

経営不振の博多の小さなエステティックサロンが、地元のコンサルタント、山内修氏の助言で、既存客の住所を調べました。すると、大半の顧客は店の近隣300メートル以内から来店していました。ところがチラシは毎回、半径1キロ以上でもまいていた。そこでチラシ配布の範囲を半径300メートル以内に狭め、配布回数を月1回から月4回に増やしました。さらに、来店した顧客にお礼ハガキや電話でのフォローを始めました。その結果、売り上げはなんと3倍になりました。

これは来店型のリアル店舗によくあるパターンです。私もこの事例を聞くまで忘れていました。ましてや、以前、広告代理店を営んでいた頃、お客さんにチラシの枚数を減らす提案をすることなんて考えたこともありませんでした。自分の売り上げが減りますからね。

よくある失敗例は、お客を増やそうと広範囲にチラシをまくことです。広範囲にまくと枚数とコストが増えるので、回数は減る。さらに、既存客がどこから来ているのか調べたことがなく、顧客リストもなく、フォローも何もしてないという例です。

地方都市の来店型ビジネスの場合、顧客が遠方から来ることはまれ。なので、チラシは広範囲の1万世帯に月1回ではなく、3000世帯に絞り込んで月3回にしたほうが効果的です。

「同じチラシでも、反応は3回目以降」とは、結果を出した経験者からよく聞く言葉です。モノによりますが、1回まいてすぐ成功することはめったにない。営業でもハガキでもメルマガでも人間関係でも、一度や二度では信頼されない。何でもそうですが、繰り返すことで覚えてもらえ、信用も積み重なっていくものです。繰り返し接すると好意度や印象度が高まるというのは、それを指摘した心理学者の名前をとって、ザイアンスの単純接触効果（ザイアンスの法則）と呼ばれています。その概略を次の三つにまとめてみました。

1　知らない人には攻撃的になり、警戒心を持つ
2　接触回数に比例して好意を抱く
3　その人の人間的側面を知ると、より親近感を抱く

広告宣伝やマーケティングにおいて、とても役立つ考え方です。

外回りの地域も絞る

弁当店を経営する岩田さんのケースもそうでしたが、外回りの営業範囲は、できるかぎり狭くしたほうがいい。「見えざる敵は移動時間」という竹田語録があるように、移動中は売り上げも利益も生みません。それを削減することはとても理にかなっています。

自動旋盤商社経営の鈴木佳之さんも地域を絞り成功しました（詳細は第6章「ケーススタディー2」参照）。起業前、上場会社に勤めていた頃、1日1300キロの移動はザラだったと言います。起業後も同じく営業範囲を広げていました。「移動時間

は無駄」と言われても、「移動しないとお客さんに会えない」と最初は誰でも思います。自動旋盤の新品は1000万円以上と高額で、さらにサラリーマン時代はどこへ移動しても、会社から経費が出た。受注の可能性があるなら遠方であっても行くというのは、大企業においては普通の感覚だったのです。

けれども、営業エリアを広げすぎると無駄が多くなり、その結果、顧客との接触回数も減り、ライバルにも負ける。商品力に差がない場合、売り上げは顧客との面談や接触量に比例して増えるので、無駄の多さ（特に移動時間とそれにかかるコスト）は致命傷になりかねません。

弱者が勝負するなら都会より田舎

市場が大きな都市部には、大企業や業界の強者が集まっています。東名阪はもちろん、人口20万人ぐらいの都市でも、中心部や駅前の大半には大企業の支店や営業所が軒を連ねる。事業所数に占める支店の割合は、福岡や仙台で35％前後、他の政令指定都市でもだいたい20％以上です。飲食など、チェーン店の割合も毎年増えています。

福岡県内の地場の百貨店は廃業か、大手に吸収合併されてなくなりました。スーパーマーケットや家電小売店なども似たような状況です。中小・零細企業にとっては悔しいですが、大手の資本力は強大なので、商品力や営業方法で明確に差別化できない場合、強いライバルが多い中心部ではなく、郊外や田舎で勝負するのは自然の理と言えます。

以前、福岡市の理美容組合で講演した時、「都心部より田舎のほうがいい。カッコつけて福岡市中心部でやっても勝てない。ライバルの少ない田舎がいいですよ」と一般論を話したら、「まさにその通り。うちの組合員も都心ほど赤字で、田舎に行くほど黒字で経営内容がいい」と言われました。

弁当店経営の岩田さんも、店は大阪市のはずれだし、自動旋盤商社の鈴木さんも営業エリアは埼玉県です。鈴木さんを指導した菅谷信一さんと後藤充男さんも、茨城県の水戸市と日立市がご自分の仕事の営業エリアです。地方・郊外・田舎は給与も下がりますが、物価も安く、職住近接で便利で、環境も良く、断然住みやすい。そして、強力な競合相手もいない。

一等地でなく裏道

福岡市で飲食店をチェーン展開するONOグループは、ほぼ無借金で十数店舗を運営し、経営は順調です。創業は福岡市中心部から少しはずれた舞鶴地区でした。舞鶴は、福岡の中心部である天神の北側にあり、バブル期に開発が進みましたが、バブル崩壊後はその後遺症で廃れていき、イメージも悪くなりました。その結果、この地区の店が少なくなり、飲食や美容室の新規出店は南の天神地区に集中しました。地元も東京の大手企業も、廃れつつあった舞鶴地区には見向きもしませんでした。

ONOグループは当初、出店コストの安い舞鶴地区に集中出店し、一人勝ち状態でした。7店舗ぐらいまではライバルも少なく、そこで利益を蓄え、この数年は中心部の天神や博多駅にも出店し、地場中堅の優良飲食チェーンに脱皮しました。最初から表の賃料の高い一等地に出店していたら、たぶんここまで成功しなかったでしょう。

一等地は商圏人口も多いですが、大手の強力なライバルも多い。家賃、人件費も高い。うまくいっても立地の良さにおんぶにだっこで、経営の地力もつきにくい。今や年間売上高200億円を超えるラーメン店チェーンの一風堂も、最初の頃の出店は、裏道や郊外ばかりでした。ローカルで徐々に力をつけ、東京や他の大都市へ乗り込んだわけです。

長崎県佐世保市に本社を置くジャパネットたかたは、地元ローカルラジオで通信販売を始め、その後、九州の田舎のラジオ局を回り、全国のローカルのラジオ局に広げていった。テレビの全国ネットを使った通販は、そのあとのことです。

最初は、誰でもお金がない。都市部の一等地に出て勝負したいが、ない袖は振れないので、郊外や田舎で始める。それでいいんです。ユニクロも山口県の過疎の町の商店街からスタートし、次に広島に出ました。東京都心部は最後です。

柳井正さんのように天才的な経営者なら、田舎で成功して地方中核都市、東京、そして世界へと事業を拡大していけますが、我々のように田舎者や凡人は、成功しても地方都市の中心部にとどめ、東京には出ないほうがいいかもしれないですね。ベスト電器やカメラのドイは、かつて家電とカメラの量販で日本一でしたが、ともに福岡から関東に進出して強者に飲み込まれました。「地方の凡人は、地方で足るを知る」がお勧めです。

今後は一気に少子高齢化が進みます。シニアが多く、ライバルの少ないローカルにこそ、チャンスがあります。

半径500メートルに絞り、売上高が25倍に

福岡・博多の夜の歓楽街、中洲。今、中洲地区で新しいスナックやクラブが10件オープンしたら、うち9件は、おそらく同じ小さな不動産会社が仲介しているはずです。つまりシェア9割。その会社は福一不動産です。10年前まで鳴かず飛ばずでしたが、今では年商2億円の小さな優良企業に脱皮しました。社長の古川隆氏は私の昔からの友人で、その成長ぶりには驚かされました。

古川社長はサラリーマン時代、新築マンションを販売していましたが、リストラ宣告を受けて脱サラ。その後は中古マンション販売や賃貸物件の仲介で、福岡全域を飛び回っていましたが、まったく儲からない。

「竹田陽一先生の教材を車で聴くと、『商品は絞れ。客層も絞れ。地域も絞れ』と音声が流れてくる。運転しながら、『移動時間は無駄』と言われる。そりゃそうかもしれないけれど、全部絞ったら売り上げが減る」と、最初の2年間は絞ることはしませんでした。

しかしその後、やずや創業者の紹介で、久留米の地場密着で成功した酒造会社を見

学して感銘を受け、営業エリアを中洲に特化することを決意しました。半径500メートルの5500世帯を市場調査すると、スナック・クラブが2700店を占め、その地域だけで不動産関連の取引が少なくとも年30億円あると推察された。「こりゃ、あちこち行く必要はない。この半径500メートルに絞ろう」と考えたわけです。

「商品」は店舗物件・テナント紹介、「地域」は中洲の中心から半径500メートル以内の5500世帯、「客層」はスナック・クラブに絞り、「営業」は徒歩と自転車でチラシの手配りや挨拶まわり。「顧客フォロー」は来店者に即日お礼ハガキを出し、その後もフォローして、スナック・クラブの少人数経営勉強会を開催したり、個別相談に乗ったり、さらに150人規模の繁盛店セミナーも開催しました。

こうした「絞る経営」を1999年から現在まで十数年継続した結果、口コミ紹介がどんどん増え、半径500メートルでダントツ1位、地域シェア9割の小さなグレートカンパニーに変身しました。

私は1999年から古川社長の「半径500メートル戦略」を見てきましたが、当初70万円だった月商が、わずか半年後に300万円になりました。現在の月商は1500万円を超えています。地域の絞り込みは、とにかく結果が出るのが早い。「弱者の地域戦略＋本気の覚悟と行動」の賜物です。

中洲は、「夜の街＝ヤクザ」とか怖いイメージもあり、資本力の大きなライバルは本気で攻めてきません。裏道や怪しい地域、大手エリートが苦手な客層は、常にチャンスがあると言えます。

知行合一

読者の方々もお気づきでしょうが、「弱者の戦略」の基本はシンプルです。やるべきことは大手の逆で、「商品・地域・客層を絞る」。絞るためには選択と集中、特に捨てることが重要です。絞ると当初は売り上げが下がる。これが怖いから行動しないし、やっても続かない——という悪循環を断ち切らなければなりません。

何でもそうですが、知識があっても実際に行動する人は、よくて1割くらい。さらに、継続できる人となると、その半分以下です。

行動しても最初は失敗の連続でしょう。当然、恥もかく。「知る」と「やる」とは大違いですが、行動した人には拍手しかないですね。私たちビジネス本の著者は「〇〇の成功法則」とか無責任に言いますが、正解は1つではありません。原理原則や基本はあっても、実際の現場にはそれぞれ個々の事情があるので、正解は違ってきます。

さらに、経営や戦略の知識だけあってもだめで、それをやり通すには、気合と根性、覚悟と決断、実行力、情熱や熱意、夢やビジョンや使命感といった「人間力」が必要です。

アジアに夜逃げで成功

以前、和歌山から26歳の松尾さんという農業青年が朝6時、相談に来ました。親が菊の農家を営んでいるが、借金2000万円を抱えて先が見えない。自分が代表になって事業を引き継ぐつもりだが、どうすればいいかと聞かれました。

その頃の私は、ベトナムとかミャンマーとかアジアに行きまくっていて、その爆発的な発展と可能性に驚いていました。なので、「アジアへ夜逃げしろ。アジアは大発展中。強いライバルも少ないし、すべての業種でレベルは低い。だから、日本の普通レベルで乗り込めば、すぐに現地で一番になれる。行け！」と、半分冗談、半分本気でアドバイスしました。

その彼が2年後、私のところに来ました。

なんと相談から半年後、ベトナムに視察に行き、その後、移住。今では東京ドームぐらい規模の菊農園の経営者だという。関西のある企業家に気に入られ、その人物から2000万円の出資を受け、菊の販売先も日本のある有力商社のオーナーからこう言われているそうです。

「菊農園を海外でやるならベトナムが最適だが、現地に移住して事業を始める日本人はおまえが初めてだ。お金はいくらでも出すから、オレの代わりにやってくれ！」

まさにアジアンドリームですね。

タイでも弱者の基本戦略は通用する

タイでナンバーワンの人材紹介会社パーソネルコンサルタント・マンパワーを経営する小田原靖さんは、アメリカの大学を出たあと、日本に戻らずバンコクへ直行しました。そのまま現地の日本人が経営する不動産会社に就職し、数年後に人材紹介業で独立。タイ在住20年になります。

「時代がよかった。僕のように、タイに居続けている人は、ほぼ全員が成功しています。今もタイは信じられないほどの好景気。東南アジア全体も、今後まだ10～20年は成長が続くでしょう。タイの失業率も1％を切って、どこも仕事が追いつかない。今からでも遅くない。タイに来て10年居れば誰でも成功します!」と豪語しています。

私もこの数年でほぼ全部のアジアの国を視察しましたが、アジア全体が「三丁目の夕日」のようですね。まさにかつての日本の高度成長期と同じ波が来ています。ベトナムやバングラデシュ、インドネシアやインドでも、現地でビジネスに取り組む日本人に会い、高度経済成長を大いに実感しました。中国や香港、台湾やシンガポールもまだ発展するでしょう。

アジアを見ていない人は一度、格安チケット数万円で飛び込み視察をお勧めします。それが逆に、日本の良さの発見にもつながります。

第5章

成功する客層の選び方

次は客層戦略です。誰を相手にするのか？　つい「売れるなら誰でもいい」と思いがちですが、どんな業界にも多数のライバルがいて、顧客の取り合い合戦をしています。大手は客層が幅広くてもいいのですが、やはり小さな会社の戦略は逆です。強いライバルとの「差別化」ができる客層に「一点集中」して「小さな1位」を目指しましょう。

ばかにされる勇気

以前、私も講師を務めたある経営セミナーで、ある工務店が作成している完成物件の見学会のチラシを見ました。

大きさはA４半分の縦長と小さなサイズ。クレヨンの手書き風に「思いどおりのめっちゃ得する家の造り方見学会。できたてホヤホヤ」が大きなキャッチで入っている。続いて「何がイヤって言ったら、しつこい営業されるのが一番イヤですよね」「自由設計の家ってめっちゃ高いんでしょう?」という友達同士で使うようなタメ口文章が続く。チラシには、3~5歳ぐらいの女の子2人が居間で遊んでいる写真と、60代社長と女子社員の似顔絵が載っていて、家の価格や性能などのスペック情報はほとんどありません。

私の素直な感想は、「なんじゃこりゃ。手書き風チラシと言っても、幼稚園か小学生が書いたようなレベル。飲食店とか雑貨店ならいいけれど、商品の価格が1500万円以上する家の広告で、これではさすがにまずいんじゃないか」。

セミナー会場には20人ほどの工務店の社長が聴講に来ていましたが、私とほぼ同じ感想を持っていたようでした。

ところが、その工務店はこのチラシで成功していたんですね。この会社はある県の人口4万人弱しかいない都市にあります。社員6名で年間10棟前後を受注。なんでこんな、幼稚でなれなれしいチラシでうまくいくのでしょうか。

「実はこのチラシ。小さな女の子の写真が目に飛び込んできますね。客層は30歳前後のお母さんで、彼女たちは親と住む二世帯住宅を考えています。そういう人の目に留まりやすいわけです。あと、この『道中お気をつけて！』ってありますね。『お気をつけてお越しください』みたいな敬語じゃダメなんです。あえてフレンドリーな言葉にする。そのほう引きがいいんです」

なるほど。誤解を恐れずに言うと、このチラシと工務店の顧客ターゲットは、右脳系の人たちです。「パッと見が手書き風のクレヨンの文字、かわいい子どもの写真、文章がタメ口で友達風、けれども、なんか好感が持てる」と感じる人たちがターゲットです。都会の一部上場大手ハウスメーカーはもちろん、地場大手系、そして普通の広告代理店や印刷会社の人間（特に男は）は、左脳系と論理系の頭でっかちばかりなので、こうした発想は絶対に出てこない。

いわば、カフェとか手作りパン屋さんにありそうなチラシです。私も正直、最初に見た時はばかにしていたのですが、すばらしい差別化です。客層で大手とは戦っていない。立派な成功事例です。

実は、このセミナーが終わったあと、高知の別のセミナーでこのチラシを来場者に見せて、「こんな一見、子どもだましのように思えるチラシでうまくいった工務店があるんですよ。オモシロイでしょ」と言ったら、参加していた印刷会社の社長が「あっ！　それとほぼ同じチラシを渡され、同じようにクレヨン風の手書きで作ってくれと言われました。2万部まいて、結果は家の受注が2件とれました」と言うではないですか。そのチラシの発注元は高知県の工務店で、栃木で成功している工務店からもらってきたチラシをほぼそのまま使って、まいたそうです。

「二度と行かない」から成功の店

先日、友人からうわさで聞いた行列のできる繁盛うどん店「志成」(福岡市)に行きました。午後1時を過ぎていましたが、店内にある約20席は3分の2ほど埋まっていて、私が座ってからも客が次々に来店してきました。聞けば、35歳のオーナーは脱サラして高松の讃岐うどん店で修行しました。当然、麺は手打ち、スープも化学調味料は一切使いません。

店内にはおしゃれなジャズ音楽が流れ、オーナー以外は女性店員3人。テキパキと気持ちいい接客と声かけ。ユニホームは赤のデザイナー風Tシャツで、内外装もきれいな美容室風。お客は私以外、全員が女性でした。かけうどん(450円)を食べましたが、味は典型的な手打ち讃岐うどんで、麺は硬めで腰がある。

冷水を飲み終わると、5秒とたたないうちに「お代わりはいかがですか?」と店員さんが聞いてきたのに驚き、さらに「温かいお茶もありますのでどうぞ」と言われ二度ビックリ。ありがちな接客サービスですが、普通のうどん店にしてはレベルが高い。特に女性は感動する。繁盛するのも納得です。

レジでオーナーから立ち話でヒアリングしましたが、「まだ開店2カ月で宣伝はなし。口コミのみ」「女性が一人でも立ち寄れることを意識」「東京・福岡など約100店の飲食店を食べ歩き勉強」「ラーメン一風堂のスタイルをまねた」とのこと。さらに、店舗デザインを担当したのは、私の友人で「開業アドバイザー」のリード・クリエーションの福泉礼二さんでした。福岡の飲食店・美容室に特化し、開業を目指す人を対象に、店舗の「経営勉強会」も長年、毎月主催している方です。これでなるほどと納得しました。

この店のオーナーは相当、経営の勉強をしているようで、「商品戦略」「地域戦略」「客層戦略」「接客戦略」が完璧。日本で初めて客層を女性に絞ったラーメン店は一風堂ですが、まさにその「うどん版」です。

しかし、私は二度とこの店には行きません。

このきれいな店＋女性ばかりの雰囲気が、ずぼらが好きな私にとってはまったく落ち着かない。さらにおしゃれな分、価格もやや高めで、素うどん以外が700円以上。

衣食住は最低限で済ます主義の私には、ランチのうどんでこの値段は予算オーバー。腰のある麺も、博多の柔麺に慣れた私には合わない。つまり、私はこの店の客ではないということです。

「マズい。接客サイテー」で年商3億円

ある博多ラーメンの大繁盛店があります。そこは年中ほぼ満員ですが、よく来るビジネスマンに聞くと「うまい！」とほめる人は少ない。私の友人の女性も「マズイ。さらに、接客も何もないし、二度と行かない！」と怒っていました。

この店では「いらっしゃいませ」「ありがとうございます」など、接客の基本である挨拶は一切ない。無言で無愛想にラーメンを出すだけ。この店を見た飲食コンサルタントの多くも、「サイテーの店だ」と言います。私もその店の裏にずっと住んでいて、同じ印象を持っていました。

しかし、近くに住んで、7年後に気づきました。こんな最低の店が繁盛している理由に。

よく見ると、客の大半はビジネスマンではなく、作業着やノーネクタイばかり。実

はこの近くに福岡魚市場と関連施設があり、長靴をはいた作業着姿の男がたくさんやってくる。パチンコ店も近隣に2店あります。つまり、この店のメイン客は肉体労働者やオッサンなんです。基本は、短気で荒くれ者、性格も服装もがさつ（もちろん、そうではない人もいます）。時間がない人も多いので、早く茹で上がるよう麺は細麺で、のびやすいので大盛りではなく、替え玉が考案されたそうです。来店客の心理状態はこうです。

「サービスなんかいらん！　その分安くし、ラーメンを早く出さんか！」

また、女性客は最初から相手にしていない。店のオーナーは高額納税者ですが、店はコンクリートの打ちっぱなしで殺風景。以前の店もバラック同然でした。店がきれいだと作業着では入りにくい。この店は「自分の客が誰か」を知っているんです。

その店と同じく屋台からスタートし、成功して「きれいな」自社ビルを建てた近隣の同業者は潰れました。常連だった長靴や作業着の労働者が入りづらくなったからです。大企業や大手チェーンは客層が広いが、中小・零細は「自分に合わないことはしない」ことに加えて、「自分に合った客層に絞る」のがポイントです。そういう私も、大企業エリート系は無視し、ローカルのダサい小さな会社やお店向けの講演家・作家で勝負していきます。

「ダサいチラシ」がノウハウ

私はもともと広告代理店を経営していましたが、以前から気になっていたのが通販のベルーナです。本社も埼玉県上尾市というローカルな都市。年商1000億円以上ある上場会社なのですが、なんともチラシがダサい。商品も野暮ったいし、モデルも垢抜けない。文字のフォントも色使いも、ダサい私が見てもイケてないチラシに見える。たまに「50代以上の女性に」というコピーが入っているので、中高年のおばちゃん向けなのは間違いない。

繰り返して申し訳ないが、ダサい。しかし、このダサさは周到に計算されたものなのではないか、と仮説を立てていました。

そしてある時、東京・八王子の経営セミナーで、この「ダサいベルーナ」の話をすると、なんと会場に元ベルーナ出身の起業家が参加していました。寝具のネット販売で数億円売り上げるほど成功していて、元社員ならちょうどいいと、休み時間に本当のところはどうなのかを聞いてみた。すると、「ダサい商品とダサいチラシづくり。あれが僕たちの最大のノウハウでした」と彼は説明してくれました。

つまり、ベルーナの戦略は「ダサい商品を、ダサい地域の、ダサい客層に、ダサいチラシで売る」。先ほどのラーメン店と同じだったのです。

普通は成功すると、かっこよくしたくなります。しかし、アパレル通販には、千趣会やニッセン、ディノスなど、おしゃれ系を目指す競合がたくさんいて、同じことをやっても勝てません。都会だけでなく地方都市でもおしゃれ系は捨てて、田舎のダサいおばちゃんに客層を絞る。すばらしい差別化と言えます。

実は同じ頃、鹿児島県にある化粧品の通販会社で年商10億円の知人社長に、「チラシがダサい。もう成功したんだから、地場ローカルの印刷会社じゃなくて、東京に本社のある一流の広告代理店とかに頼んだら?」と電話しました。

「ありがとう。栢野君もそう思うか」

「そりゃ思いますよ。モデルもダサいし、このチラシの商品写真、3ミリぐらい、右にずれていますよ」と、あらを指摘した自分に酔っていました。

しかし、ベルーナの成功はダサさにあるとわかり、鹿児島の社長にあわてて電話をしました。

「すいません! やっぱりあのダサいチラシのままでいいと思います」

「やっぱり栢野君もそう思うか(笑)」

この会社は、鹿児島市に本社を置く、自然化粧品通販の吉田アイエム研究所です。吉田透社長は、ダサいことこそ鍵だと本能的にわかっていたんですね。聞けば、チラシの写真は、ダサさを演出するため、わざと3ミリずらしたそうです。つまり、この世に数多くあるかっこいい同業ライバルと差別化するために——。

いやーすごい。感服しました。こういう発想は大都会の一流エリートからは出ません。田舎在住で田舎の顧客をよく知っているからこそできる発想です。

優良店の背景に「裏サービス」あり

先日、東京都町田市の郊外にある「でんかのヤマグチ」に行って来ました。一般には無名ですが、中小の生き残り事例として、本や雑誌、セミナーに多数登場しています。昔からある町の家電店ですが、近所に大手量販店が次々進出。売り上げは激減し、顧客も3分の1に減少しました。ところが粗利は以前の2倍弱に増え、黒字経営を維持しています。つまり、安けりゃいいという価値観の顧客を捨て、「高くてもヤマグチから買いたい」という顧客に絞ったわけです。

その秘訣を簡単に言うと、すべて大手安売り量販店の逆をやっています。「商品」

は修理を中心とした「裏サービス」、「地域」は町田の田舎、「客層」は安さにこだわらないシニアの富裕層、「営業」は相手の家まで出向く御用聞き。売り上げは店頭4割、訪問販売が6割。

私が店で店長からもらった名刺には、「久しぶりに孫の顔を見に行くので、家が留守になるのが心配。家に一晩泊まってもらえないか？ 花の水やりを頼めるかな？ OKです！」と書いてある。

店の外の大きな看板にも「トイレは自由に」「雨が降ったら傘をどうぞ」「休憩やコーヒーも自由に」「電話も使ってください」と大きく出ています。もちろん、「その代わり、何かあればうちで買ってください。高値で」が本音。いわば、親切や裏サービスを商品価格に上乗せし、結果として粗利を25％から40％に引き上げたわけです。

普通の人は「家電は安けりゃいい。そんな裏サービスなどいらない」と思うでしょう。しかし、飛行機のビジネスクラスなど、エコノミークラスにはないサービスにお金を払う人はちゃんといるんです。一泊5万円の外資系ホテルは、スタッフが宿泊客を名前で呼び、好みの新聞や飲み物も用意する。

「でんかのヤマグチ」は、相見積もりもしないし、多少高くてもいいのでここで買いたい、という優良顧客をつかんでいます。その背景には「裏サービス」があり、客層を裕福なシニアに絞った戦略があります。

客がやめないスクール

「私たちは同じことを100回聞かれても、いつも笑顔で答えます」がキャッチフレーズのパソコン教室「ホエール」。姫路市を中心に兵庫県下に直営教室8校を構え、年商2億円前後。経営は順調です。

以前、私が主催する九州ベンチャー大学で、大前祥人社長に5時間ほど講演していただきました。商品・地域・客層の選び方から、営業・顧客対策まで完璧ですね。そのノウハウは、ホエールのホームページでも公開していますので、ぜひ検索してみてください。

数兆円市場のPC業界の中でも、パソコン教室は、修理業と並んで、大手がやりたがらない商品の1つです。月謝1万円前後と単価は低い。しかも、教えるというのは効率が悪いローテク商品です。それに加えて、政府からの補助金がストップしたことで業界全体が一気に衰退し、新規参入もほとんどありませんね。

地域は姫路。しかも、本店のある安富町は、人口6000人弱の田舎。田舎に行くほどライバルが少なくなります。弱者の戦略のセオリー通りです。

キャッチフレーズでおわかりのように、客層は高齢者で70代以上が8割を占める。高齢者が自分の孫や子どもにメールを送れたら最高ですよね。だがいかんせん、高齢になるほどパソコンやスマートフォンの操作はちんぷんかんぷん。だから、パソコン教室では、何度も同じことを繰り返し聞く。決定する時に押すのはどれだっけ？」。私のような気の短いインストラクターなら「この前、教えたのに」とつい顔に出てしまいますが、それだけで高齢者から嫌われます。大前社長はもともと気が長く、パソコンを教えるより、お年寄りと話すのが好きだったそうです。そこがウケたんですね。ノウハウより心と接客。現在は女性のインストラクターが顧客に接しますが、大前社長は「勝負は休憩の10分間です。その間に、いかにお客さんと仲良くなるか」「シニアに絞っても40代以下は来ますが、逆だとシニアは来ません」と、経営のポイントを教えてくれました。

高齢者に限らず、人は他人に面倒をかけることに対して気が引けます。だから、「シニアの方へ」と銘打っていると、安心するんです。

パソコン教室「ホエール」でもっとすごいのは、教室の造りです。半分は机にパソコンが並んでいますが、その横のスペースが、おじいちゃん、おばあちゃんに大人気です。そこに集まって何をしているのでしょうか?

答えはお茶やお菓子を飲み食いしながらの「井戸端会議」です。表のニーズは「パソコンやスマホの使い方を勉強したい」ですが、真の欲求は、「知り合いと会いたい、話したい」。ここがポイントです。月1万3000円コースは受講時間無制限。実は「ホエール」はパソコン教室ではなく、シニアのコミュニティーセンターとなっているのです。

さらに驚いたのは退会率。やめるお客は年間3%以下で、その大半は死亡による退会だという。中には「死んだあとも、ずっと自動引き落としでいいよ」と言うお客もいるそうです。ここは第二の家「私たちのホエール」、家族や友人のような関係が醸成されている空間になっています。

ここで働くスタッフも、毎日、じいちゃん、ばあちゃんから「ありがとう」と言われ、「仕事が楽しい。生きがい、やりがい満載です」と満面の笑みを浮かべていました。

「障害者専門」で成功

東京都中央区のベルテンポ・トラベル・アンドコンサルタンツは1999年、日本

パソコン教室ホエールのチラシ

初の障害者専門の旅行代理店としてスタートしました。その後、「障害者＋高齢者」中心の会員制旅行クラブに移行。社員数名の小さな会社ですが、その専門性と社会性で多くのメディアに取り上げられています。

高萩徳宗社長は大手旅行会社に勤務していた頃、大量販売で画一的なツアーに疑問を抱いていました。そのうえ、効率重視のため、障害者や車いすのお客さんを断る現実に心を痛めていました。そんなある日、障害者との旅にボランティアで参加。熟睡中、「おい！　喉が渇いた。ビールが飲みたい」と深夜2時に起こされ、思わず「ふざけんなよ。何時だと思っているんだ。障害者だからといって甘えるな」とキレたそうです。すると、その障害者は、「スマンな。俺たちだってボランティアには気を遣っているんだよ。本当は堂々とお金を払い、客として正当なサービスを受けたいよ」と言ったそうです。

これがきっかけで無料ボランティアの限界に気づき、有料のバリアフリー旅行会社を創業。当初からマスコミには注目されましたが、一方で「ツアー料金が高額。障害者を食い物している」とバッシングも受け、創業4年目までは赤字でした。

障害者や高齢者の人たちが客層ですから、事前に、観光地を調査して、車いすの利用状況を調べたり、もしもの場合に備えて現地での医師手配の態勢をとったり、場合によっては、医師や看護師・理学療法士なども同行させます。当然、ツアー料金は通常の旅行の倍以上になりますが、それでかまわないという人が会員になっています。

先ほどのホエールもそうですが、障害者や高齢者は周囲に気を遣うんですね。健常者に比べ、どうしても動きが遅れるし、遠慮がちになる。

でも、ベルテンポの旅では、そんな気遣いは不要です。料金は多少高いが、納得するサービスが受けられます。旅をともにするのは、趣旨に賛同する会員のみ。ツアーは観光も楽しみですが、誰と行くかも大事な部分です。気が利かない添乗員やワガママな客がいると旅は台無しになってしまいますので、会員制は客層戦略の1つとして欠かせない要素です。

第6章

成功するお客の作り方——弱者の営業戦略

どうやって新規の顧客をつくるか。中小・零細企業の場合、大企業のように大金を使って広告キャンペーンを打つことなんてできません。

商品はいいけれど売れない会社、料理の腕がいいのにお客が少ない店はたくさんあります。冒頭の持ち帰り弁当店の岩田さんいわく、「今の時代、弁当はどこもおいしい。商品自体、そう差はないですね。あとは営業や戦略でいかに差別化するか」。

岩田さんは店全体の戦略を見直し、外回りの営業に注力することで、年商6000万円を1・5倍に伸ばしました。商品は以前と変わらないのに業績を伸ばすことができたわけです。

一口に「営業」と言っても、さまざまな方法があります。アナログ営業とネット営業、法人向けか個人向けか、プッシュかプルか。

営業ツールの例

アナログ営業（個人向け・法人向け）

○名刺　○飛び込み営業　○アポ+営業　○電話営業・DM
○新聞折り込みチラシ　○ポスティングチラシ
○挨拶手渡しチラシ　○ファクスDM　○人脈営業
○店舗　○移動販売　○セミナーや会に参加
○セミナーや会を主催　○セミナー講師に呼ばれる
○展示会に参加　○実演販売

広告（アナログ）

○テレビ　○テレビ通販　○新聞　○ラジオ　○雑誌
○業界誌　○タウン誌　○看板　○店頭黒板
○店頭POP　○のぼり　○交通広告（バス・電柱ほか）
○本の出版　○試食

ネットツール

○ホームページ　○ブログ　○フェイスブック
○ツイッター　○YouTube　○ユーストリーム
○メルマガ　○LINE　○アフィリエイト
○プロダクトローンチ

営業ツールの例

ネット広告

○バナー　○検索連動PPC（ペイパークリック）

○フェイスブック

○メルマガ広告

ポータルサイトへ出稿

○じゃらん　○楽天トラベル　○食べログ　○ぐるなび

○ホットペッパー　○各業界のポータルサイト

マスコミPR

○ニュースリリース　○メディアに取材される

○テレビの話題番組に合わせて仕掛ける

○キャッチフレーズ　○プロフィール

○顧客に聞く

○USP（ユニーク・セリング・プロポジション、一瞬で伝わる魅力）

やずやの営業活動

やずやの場合、4つ目の事業である健康食品クロレラの訪問販売でやっと会社が軌道に乗りました。1975年頃で、まだ通信販売がほとんどない時代。チラシを新聞に折り込み、電話で問い合わせがあった家を営業マンが訪問して販売する方式でした。九州一円に代理店もつくり、年商4億円に成長しました。

ところが、クロレラの製造会社が倒産して売る商品がなくなり、一時は結婚式イベント業に転業。その後、再び健康食品の販売に戻ってきました。当初は明日葉という健康食品をチラシで宣伝し、自ら訪問販売していましたが、ヤマト運輸の宅急便の出現で通販専業へ転換。チラシやテレビ広告で無料の商品サンプルの申し込みを受け付け、その後のフォローで販売へつなげる形を確立していきました。さらに近年はホームページと検索広告によるネット販売も増えています。

つまり、営業方法は「訪問販売」から「アナログ通販＋ネット通販」へと変化しました。

今さら言うまでもないことですが、インターネットは生活でもビジネスでもあらゆる部分で革命を起こしています。買い物はまだアナログが主流ですが、スマホの普及などで、エンドユーザーは明らかにネットにシフトしています。メディア広告費を見ると、2009年にはネット広告が新聞を抜いてすでに2位になっていて、1位のテレビを急追しています。

私の知人に起業2年目の社会保険労務士がいるのですが、彼は「商品」を障害年金の申請に特化し、新規開拓の営業はネットしか使っていません。ホームページを制作し、ネット検索広告に出稿しています。活動エリアは某巨大都市圏。「地域＋障害年金」に絞り、ネット広告を出している同業は5社のみで、競争は今のところ激しくない。福岡でも1社のみです。

ある県の司法書士協会では、会員に対し、アナログやネットの営業活動を自粛するような通達を最近まで出していました。その理由は表向きにはいろいろとあるかもしれないが、実際には業界の古株が既得権を守るためだと推測できます。そんな事情もあって、通達を無視してホームページを開設していた私の知人は、ネット経由でガンガン集客をしています。

「下品で怪しい」から成功

弁護士と司法書士にとって借金の過払い請求は特需でしたが、成功した士業はアナログの広告やネットに貪欲でした。この過払い請求に特化して数億円稼いだある司法書士は「広告を出せばお客は来る。入れ食い状態」と、地場タウン誌や地下鉄、ネットにも積極的に広告出稿しました。

ところが、士業の大半は広告や営業活動に消極的です。同業の司法書士は「あの司法書士は、下品な広告を打ちまくって評判が悪いんですよ」と言っていましたが、それは同業のジェラシーで、借金で悩んでいたエンドユーザーにとって広告は「よい知らせ」です。さらに借金関係の仕事はイメージが良くないですから、世間体を気にする士業のなかには手を出さない人も多い。これがポイントです。

需要はあるけど、先発の強者やエリートや普通の同業がしない、すき間ビジネス。怪しい、新しい、誰もやってない、やってみないとわからない、イメージが悪い、エリートがばかにする、普通の人は嫌う。後発やベンチャー系が狙うべき鉱脈はこのへんにあります。

逆に、誰もが認めてイメージが良く、みなもやるような（やりたいような）分野は競争が激しく、差別化は難しくなります。

ネット閲覧者にアナログ訪問

先日会ったベンチャー企業経営者の新規開拓の方法に、思わずうなりました。自社のホームページにアクセスした会社の名前がわかるように、ソフトを仕込んであるとのこと。そして、アクセス回数の頻度などから、自社への関心が高いと思われる会社名をリストアップし、偶然を装って飛び込み挨拶をする。無理な売り込みはせず、資料を渡して簡単なヒアリングですぐ帰る。その後は、面会のお礼のハガキなどでフォローする。

普通の飛び込み営業は非効率ですが、この場合は自社に興味をもった相手が対象です。コツをつかめば「面白いように受注できる」とのことです。

文具や本など、単価の安い商品はネット通販が増えましたが、法人向けで単価が高く、面談や打ち合わせが必要なビジネスの場合、まだアナログ営業がメインで、人的な紹介や口コミも強い。しかし、ネットで新規取引先を探すのも普通になってきています。だから、問い合わせが来る前に、こちらからアナログの飛び込み挨拶を仕掛けるというのは、すばらしい接近戦ですね。

あるリフォーム会社は、受注のほぼ100％をネット経由で獲得しています。しかし、最近はネット上の競合も増え、アナログチラシも検討中とのこと。ちなみに、見積もりは平均3～4社の競合になるそうです。しかし、「あること」を実行すると受注の確率が高まる。それは、「見積もり当日、すぐにお礼ハガキを出す」ことです。

別の知人で、成功している福岡市のリフォーム会社ホームテックも、創業期から見積もりのお礼ハガキを励行しています。

「受注後のお礼は当然だけど、最初の見積もり段階でお礼ハガキを出す。すると、それに感動して発注してくれるお客がいるんです」と小笠原良安社長は言います。

ネットを超えるアナログ営業

ちなみに、ホームテックは全国に13支店を構え、年商は40億円。立派なホームページも持っていますが、メインはアナログ営業です。まず、担当エリアの一戸建てを外からチェックします。外壁がひび割れていたり、色あせていたりしてペイントリフォームの需要がありそうな家に資料をポスティングし、その後、電話でアポイントをとって面会し、セールスするという流れです。広告の反響を待つ営業ではなく、攻めの営業なので顧客から断られることも多く、精神的なタフさが求められます。

小笠原社長は、「広告やネットの反響を待つのでは遅い。その段階では必ず見積もり競争になる。リフォームを考える前、ニーズが顕在化する前の段階でアプローチしないと、ライバルとの価格競争になる」と言います。

既存客や見込み客フォローのツールには、ハガキ、メルマガ、ニューズレターなどがあります。ザイアンスの法則どおり、①人は、知らない人には攻撃的で警戒心を持つ、②接触回数に比例して好意を抱く、③相手の人間的な側面を知ると親近感を持つ。営業もまったく同じで、最初は誰もが①の状態です。その後にまた会ったり、ハガキやニューズレター、最近ではフェイスブックなど、アナログやネットで接触したりすることを継続すると、自然と発注が増えます。

この②を意識的に実践するツールの1つが、ファイブスターパートナーズの蒲池崇さんが命名した「個人通信」です。会社や店が出す「ニューズレター」の個人版で、内容は社長（または営業マン）が感じたことやその月の出来事を私信のように書いたものです。蒲池さんはその作成代行や作成のコンサルティングを手掛けています。弁当店経営の岩田さんも手作りの「ほか弁新聞」を毎月作成して既存客に渡していますが、A4サイズ1枚とは言え、文章を書くのが苦手な人や作成する時間がない人も多い。蒲池さんはそこに目をつけたのです。契約先の営業マンや社長に毎月1時間ほど電話でヒアリングし、本人に代わってA4の個人通信を作成しています。

セミナーや勉強会に参加（アナログ営業）

蒲池さん自らの課題は、契約先をどう新規開拓するか。最初は知人の社長からの紹介で3社から受注し、次に、今までの知人に自らの個人通信を毎月ファクスすることで数社獲得しました。その後、竹田陽一の経営セミナーに参加しました。

セミナーでは、リピーターづくりの「顧客戦略」の講義があります。具体例として、お礼ハガキやファクス、ニューズレターでのフォローが紹介されますが、自力で作成できる人はめったにいません。その結果、蒲池さんはセミナー参加者から必ず依頼をもらえるそうです。

同じく、福岡のニューズレター作成代行を手掛けるラクパの園田正一郎さんも、起業当初は福岡の経営セミナーに参加しまくりました。名刺交換した人に自らのニューズレターを継続配布すると、一定の割合で依頼が来たそうです。前述のデザイングレイスの根本さんも同じでしたね。

中小企業の社長が客層の場合、経営セミナーや勉強会に顔を出すのは、きわめて有効な営業方法の1つです。通常の飛び込み営業や電話セールスは99％断られますが、この手の会合は自然な出逢いですから、互いに警戒心がない。もちろん、会ってすぐに営業すると嫌われます。1回会ったくらいでは信頼関係ができていないので当然です。ハガキやニューズレターと同じく、売ろうとする気持ちを抑えて、まずは人間関係を作りましょう。

年3回の手書きハガキを5年続ける（アナログ営業）

名古屋市の生命保険代理店でコンスタントに業績をあげ、現在は財務コンサルタントとして活躍する山幡道明さんの秘訣は、一度会った見込み客への手書きハガキです。すごいのはそのフォローを継続すること。一度会った人には、年間3回の手書きハガキを5年間続けます。その結果、対象顧客の半数以上から注文をもらうようになったと言います。

以下は私の勉強会で話してもらった山幡さんの保険代理店時代の話です。

まずはセミナーや交流会で、見込み客になりそうな人と名刺交換します。その後、手書きのハガキを出し続けることでうまくいきました。印刷ハガキではダメ。一斉メールもダメ。試したけれど効果はありませんでした。面倒でも個別に手書きする。これを4カ月毎に5年間出す。合計15枚ぐらい。もちろん、保険やキャンペーンとか売りの言葉はなし。すると、驚くぐらい自然に受注できます。

お客さんが注文する理由は何だと思いますか？　商品内容、会社のブランドなどありますが、一番は信用・信頼なんですね。特に保険とか形がない商品の場合はそうです。会社のブランドや商品には大差ない。となると、お客さんから見て、その営業マンが信用できるかどうか。それが契約要因の約4割を占めます。

ところが、私もかつてはそうでしたが、アホな営業マンは信頼関係もないのにすぐに売り込む。会ったあと、売り込みの電話やDMやメールを送る。ニューズレターやなんとか新聞も同じですよ。どんな人にも同じ印刷物を送るんじゃ手抜きです。そこを手書きのハガキで差別化する。それも一度切りのお礼ハガキではなく、年に3回を5年間続ける。「手書き＋継続」がポイントです。もうすぐ春ですねとか、メッセージは一行でいいんです。

見込み客の心理は「どうせいつか売り込むつもりだろう。でも、手書きハガキは捨てにくい。さらに定期的に来るなあ。毎年数回、2年も3年も。営業とはわかっているが、返事を出してないし、なんか申し訳ない」。

そんな時にどこかで会うと、「おー、いつもハガキをありがとう！」とか、アポを申し込んでも簡単にOKになります。それは、2年、3年と手書きハガキを出しているから。場合によっては、2、3回ハガキを出した時点で、「ちょうど良かった。ちょっと今、他社から提案されているんだけど、意見を聞かせてくれる？」と呼ばれ、いきなり2000万円の受注につながったりする。実は、この手書きハガキ作戦を始めた5年前、最初にいきなりこんなケースに当たったんで、ずっと続けているんです。常に、約500人の顧客カードがあり、月別に整理したケースに入れ、ハガキを書いたら4カ月後のケースにカードを移す。作業としては毎日30分、7枚書くだけです。

簡単ですよ。誰でもできます。ただし、効果が出るのは5年後ですが（笑）。

以上の話も、

・人は、知らない人には攻撃的で、警戒心を持つ
・人は、会えば会うほど好意を持つようになる（この場合はハガキを使った間接的な接触）
・人は、相手の人間的な側面を知ると、より親近感を持つようになる

という「ザイアンスの法則」がそのまま当てはまります。

もちろん、山幡さんの場合、ハガキを出すだけでうまくいっているわけではありません。「商品」「地域」「客層」を中小企業経営者に絞り、「営業」は名古屋周辺の経営者が集まるセミナーや交流会に出まくり、ハガキを出す先、つまり潜在顧客の情報収集を地道に繰り返しています。

さらに、営業戦術を身につけるため、営業専門コンサルの教材やセミナーで繰り返し学習し、セールストークや応酬話法の自己訓練を欠かしません。加えて、夢や目標や人生計画・経営計画を紙に毎月書き直し、毎朝20分間、その紙を見て念じるという、モチベーション維持の儀式もしっかりやっています。

自らセミナー講師をやる（アナログ営業）

実はこの山幡さん、根本さん、園田さん、蒲池さんは、経営セミナーの講師もやっています（外部に呼ばれたり、自ら主催したりするものも含む）。山幡さんは「ハガキ営業」、園田さんや蒲池さんは「ニューズレター作成講座」「個人通信セミナー」、根本さんはロゴマークと関連する「個人ブランド構築セミナー」。それぞれ、本業はファイナンシャルプランナーや広告物制作ですが、講師をやると立ち位置が「先生」に変わり、自然な流れで受注にもつながります。実際には、セミナー参加者が少なくても、講師として活動を行っていること自体が、自らの事業のイメージアップや広告宣伝・営業活動になります。

人前での講演は、最初は誰でも緊張するし下手です。私も何度も失敗し、聴衆の面前で恥をかきました。「だからチャンス！　大勢の前で恥をかきたくない人が多いから、エリート系は講演を意外にしないもの」と竹田陽一は言います。知人の住宅営業マンは「失敗しない家づくりセミナー」を開催しています。自社物件の売り込みではなく、初めて家を建てる人を対象に住宅建築のイロハを客観的に講義し、質疑応答に

1つずつ丁寧に答えます。3回シリーズが終わると、多い時は参加者の半分以上から「先生。あなたから買いたい」と言われるそうです。

ファクス営業は穴場

全国で士業向けの経営コンサルタント講座を開催するマックスビジョンの柳生雄寛さんは、フェイスブック上の人気者ですが、前述のように講座の集客はファクスDMが中心です。ファクス送信の代行会社を使い、各地区の士業系に説明会の告知をファクスで流しています。実は私のところにも年に数回ファクスが来ます。「ネットの時代にファクスなんて遅れてる」と思いますよね。

確かに、昔に比べるとファクスの受発信は激減し、簡単なやりとりは一気にメールに移行しました。「だからいいんです。ファクスはライバルが少ない」と笑う柳生さん。士業はネットに疎い人が多く、平均年齢も高い。そういう客層にはアナログが合うというわけです。

紹介営業

「士業の顧問先新規開拓で有効なルートの1つは、他の士業からの紹介」と言うのは、士業向けの著書も多い横須賀てるひささん。士業は税理士、社労士、行政書士など、専門分野が分かれています。税理士は顧問先から労働問題や就業規則の相談を受けると知り合いの社労士を紹介しますが、これは他の士業の業界も似たようなものです。

先日、大阪の建設業専門の行政書士・山口修一さんの建設業交流会に参加しました。同じ建設関係の社長でも、外壁塗装、内装、トビ、電気工事と専門が分かれています。大いに仕事の紹介をし合い、「普段は大手の下請けが多いのでありがたい」と、みな喜んでいました。だから、こういう異業種の会には積極的に参加してみることですね。知らない人と話すコミュニケーションの練習にもなります。

各県にある経営者系の組織としては、商工会、法人会、青年会議所、中小企業家同友会、倫理法人会などがあり、一度参加することをお勧めします。

面会後のフォロー営業

アナログ営業の基本は、「名刺交換 ↓ お礼ハガキ ↓ ニューズレターやファクスで継続的に接触」です。

名刺は裏に自己紹介を入れ、ハガキは手書き、ニューズレターでも売ろうという気持ちは抑える。年3回の手書きハガキを5年継続する山幡さんのように、じわじわと信頼関係を構築するのがコツです。

ネットの場合、「名刺交換 ↓ メールやフェイスブックなどでお礼 ↓ リスト化して定期的にメルマガ送付」が基本です。

こう書くと簡単ですが、どれも実際にやる人は1割もいません。先ほどの横須賀てるひささんは、電気も止められた創業期にこれを全部やり、さらに活動をブログに書きまくって、あっという間に成功しました。

こうした営業は失敗してもリスクはありません。行動あるのみですね。

強烈な「お礼参り」

後発の士業ながら顧問先を次々と獲得しているAさんは、経営者が集まる各種会合に参加し、名刺交換してお礼のハガキを出します。その後、メールやフェイスブックなどで雑談し、たまにニューズレターも出す。ここまではよくある話です。

その後、Aさんは狙いを定めた会社へ、（時には飛び込みで）挨拶訪問します。事前に何回か接触があるので「あー、どうもどうも、Aさん！」と相手も違和感はない。雑談してすぐ帰ります。その時、自らが主催するミニ勉強会のチラシを置いてくるのがポイントです。メールやチラシファクスだけだと、通常、ほぼ反響はありません。しかし、「相手の会社に顔を出す」と、勉強会への参加率や顧問依頼の確率が格段に上がったと言います。

「会合で面会 → お礼ハガキやメール → 相手の会社へ挨拶し、会ってチラシを渡す」これが本当の「お礼参り」です。やっぱり、楽をして効率を上げようなどと考えてはいけない。効果を上げたいなら、自分がハガキになって、相手のところに足を運ぶ。フェース・トゥ・フェースは中小・零細の基本ですね。

ライバルより常に一歩、お客に近づく

衰退業界の1つである家具業界で、エンドユーザー直販に成功し、奮闘しているのが福岡県大川市の生松工芸です。年商は6億円で、同業が苦戦する中、ほぼ横ばいで推移しています。売り上げ6億円のうち3億円は昔ながらの問屋・小売店への卸販売によるもの、残りの3億円はネット経由でエンドユーザーに直接販売して稼ぎ出しています。エンドユーザー直販は、小売店の中間マージンがない分、お客さんは安く買えるし、売り手側も小売りに卸すより高く売れる。売り手、買い手ともメリットがあります。

家具製造のような衰退産業では、エンドユーザーへの直販を真剣に考えないと、未来は厳しいと言わざるを得ません。地方では、ネット販売を真剣にやっていない人も多いので、すき間を発見すると当初は1人勝ちできる可能性もあります。

強者は、エンドユーザーと離れて、テレビCMや折り込みチラシで広範囲にわたって宣伝し、大量販売を目指して一気に営業します。弱者が同じことをやってもかなないません。弱者はお客と離れて大量販売的にやるのではなく、エンドユーザーと直接触

れ合う接近戦をやる。ライバルよりも、常に一歩、前に出る。つまり、お客に近づく。これが接近戦の考え方です。中小・零細企業は、接近戦をどれだけやるかが生き残りの大切なポイントになります。

観光地のすごい接近戦

以前、山形の観光地・蔵王に、著名な社会保険労務士の西塔秀幸さんと行った時、頂上へ向かうリフトに乗ったら勝手に写真を撮られました。案の定、帰ってくると「こちらですよ～」と展示販売。私は「誰が買うか。このキャッチセールス野郎が！」と無視しようと思いました。ところが、同伴者の写真を見て気が変わりました。

「私はいらないけど、先生の分を私が買いましょう」

「いや、いらないよ」

「いや、記念に買いますよ」

「なら、私が栢野さんの分を買いましょう」

結局、互いに相手の写真を買いました。1枚1000円。私たちもそうですが、客はたいてい自分のデジタルカメラを持っているので、本当は1枚1000円もする写真なんか必要ないはずないのに、うまい商売です。

商売をしているのは、写真撮影（カメラマン）、プリント係、展示販売の3人組。客の立場を利用して、ついでにいろいろと話を聞きました。写真の販売枚数は1日なんと500枚！　つまり1日50万円の粗利です。毎週末1回やっても年2500万円。土日2日間やれば年間5000万円の計算です。3人で割って1人1500万円。こりゃすごい！　仙台市内の写真館から出張で来ても、十分に元が取れる。大いに感心しました。

昔からある写真館はどこも苦戦しています。デジタルカメラやスマホの普及のほか、スタジオアリスのような格安写真スタジオに需要を奪われています。打つ手なしと思いきや、店に来ないなら、人の集まっている場所に出向いて接近戦をこなす。衰退産業だからもうダメだと諦めるのは簡単だけれど、工夫次第で活路は開けることを学びました。

ここで、埼玉県さいたま市で自動旋盤商社を経営する鈴木夫妻の逆転物語の実録を読んでください。持ち帰り弁当店の岩田さんと同じく、起業して一生懸命にやっていたが結果が出ない。ところが、商品・地域・客層を見直して絞り、新規開拓営業の一環として毎日1分の動画をユーチューブに投稿しつづけたところ、本人いわく「やり方を変えただけで年商が10倍になった」と言います。次ページをご覧ください。

ケーススタディー 2

早朝の「ユーチューブ投稿」で年商10倍

鈴木佳之社長（株式会社鈴喜）

起業して6年になるんですが、1年目で廃業のピンチを迎え、貯金もほとんど底をついて厳しい状況になりました。脱サラ資金は退職金の800万円で、かなり余裕を持ってスタートしたつもりだったんですが、お金が減るのはやたら早いですね。

1年もしないうちに800万円が底をつき、2年目は家内の生命保険を解約して600万円を手にしたが、それもどんどんなくなる。春日部の家庭菜園で野菜を作って食材の足しにして、ぎりぎりの生活で食いつなぐ感じでした。

もともと私は21年間、スター精密という自動旋盤などを販売する上場企業に勤め、給料もそれなりにもらっていましたが、独立後、生活は一変。食うや食わざるやの厳しい生活になり、子どもたちには小遣いも与えられず、ひもじい思いをさせました。

そんなぎりぎりの生活をしているとき、恩人の菅谷信一さん（動画マーケティングコンサルタント）と後藤充男さん（簿記教室 士塾塾長）に出会い、彼らから毎朝のユーチューブ動画投稿などのいろんな作戦を教えていただき、こうして今、なんとか逆境を抜け出しました。私が何をして、倒産寸前から3年目で累計3億円を稼げたのか。そんなにびっくりするようなことはしていません。誰でもできることをしただけなのですが、ここで紹介させていただきます。

私たち夫婦が創業したのは、自動旋盤という工作機械の販売会社です。自動旋盤というのは町工場によくある原材料を削るための小型の工作機械で、顧客はその機械を使って3メートルぐらいある金属の棒を削り、ブレーキなどの自動車部品を作ります。

市場規模は小さく、ニッチ分野です。だからユーチューブ検索でも引っかかりやすい。同業のほとんどは、工作機械の総合商社という肩書で商売されています。町工場に営業に行って、「工作機械ならなんでも用意できます」と打ち出すのが普通ですが、当社は得意の自動旋盤に商品を絞っています。

中古販売で差別化

当社の事業内容は、新品の自動旋盤の販売のほか、新品が売れると古い自動旋盤が出るので中古の機械の販売も手がけています。

国内で新品の自動旋盤がバンバン売れる時代は終わっています。日本の製造業はアジア諸国に追い越されつつあるので、どの会社も経営は非常に厳しい。その影響で、最近は新品ではなく、中古の販売比率が上がってきています。

栢野さんが「弱者や中小・零細は、新品でなく中古だ！」とDVDで言っているのを聞いて、創業当初は「本当にそうなのかなあ」と疑っていました。しかし、確かに新品は競争が激しいいし、個人経営の小さな商社は信用されない。一方、大手は中古機械には目もくれない。中古機械の販売は大手との競合がないので確かにいい。それに気づいたのは創業2年目です。

起業したのがリーマンショックの1年半後の2010年4月。当時、日本の製造業は最悪の状態で、そんな時期の起業だったので周りからすごく心配されました。以前、勤務していたスター精密は東証一部上場企業で非常に安定していたので、退職するときは「お前、こんな時に会社辞めて大丈夫なの？」と心配されました。

私は起業することに大きな夢を描いていたので、周りは応援してくれると思っていたんですが、親からは「そんなばかなことはやめろ」と止められ、説得するのが大変でした。

自分の思いどおりに商売したい

サラリーマン時代、仕事は面白かったけれど、やっぱりサラリーマンなので、会社の経営陣が決めた販売計画に基づく数字が上から降りてきて、「それを目指して売れ」と言われるのがつまらなく感じました。自分の思いどおりに、自分が好きなお客さんに、自分が好きな機械を売るんだったら、仕事はもっと面白い。自分の好きなようにやりたいと思い、独立を決めました。

スター精密では、関東・東北・静岡を担当しました。社用車で1日1300キロ移動したこともある。非常に過酷だったけれど、すごく充実していました。

スター精密では直販の比率が2割ぐらいで、大半の取引は商社が絡んでいますが、商社は機械のことがよくわからない。だから、機械の引き合いがあると我々が飛んでいって見積もりを出し、商社がマージン乗せて、契約が決まります。新品の平均単価は1500万円ぐらいです。

スター精密には、従業員の夢を応援する制度があり、私はそれを利用して45歳の時に独立しました。スター精密のことは大好きですし、今もスター精密の機械を売ることに誇りを感じています。

創業時はリーマンショックから1年半経過していたものの、市場環境はまだまだ厳しかった。でも、自分で会社をやりたくて独立したので、やる気満々でした。すべては会社のためではなく、自分のためですから、ワクワクしていましたね。それまでの人生も、最後にはなんとかなったものですから、今回もなんとかなると楽観的に思っていました。

まったく売れない

ところが実際に現場を回り始め、こんなに厳しいのかと愕然としました。それまでは、信用力のある上場企業のサラリーマンだったから売れていた。でも、やめたらただの人。私もある程度はそうなるだろうと予想していましたが、個人というのがここまで信用されないことにショックを受けました。

買ってくれそうだと思う客先には3回ぐらい行きますが、「うちは力のない個人からは買えない」「個人のブローカーさんとは付き合えないよ」と追い返される。しかも、ひどい言葉で。でもお客さんの立場で冷静に考えてみたら、1500万円から3000万円もする機械を起業したばかりの零細企業から買って大丈夫なのかと思うのは、当然かもしれません。

自分も甘かったのですが、もう起業しているので後戻りはできません。それに、スター精密をやめて独立したけれど、もう一度会社に戻りたいという人がたまにいるんですが、再雇用の仕組みはありません。退路は断たれています。

昼間、事務所にいても当然、注文の電話は鳴りません。機械が売れないどころか、見積もりの依頼すら来ない。ただ、外をグルグルと掛け回っているだけです。

メーカーにいた頃は、顧客名簿を頼りに自動旋盤を使っている町工場を、埼玉県内からスタートして、栃木、茨城、群馬、千葉としらみつぶしに回っていました。なので、起業後の最初の1年は、300件ぐらい飛び込み営業をやりましたが、結果は散々な状態でした。

初年度の後半に契約をなんとか決めたのですが、受注したのは20年以上前の中古の機械2台で、儲けはほとんどありません。でも、初受注だったので、めちゃくちゃうれしかったですね。さらに年度末までに、新品を2台受注しました。こちらのほうは、かなり値引きをして、成約にこぎ着けました。

初年度の売り上げは2500万円。ところが、採算度外視の値引きをしたので、600万円の赤字です。退職金800万円はあっという間に消えました。

その原因は、値引きだけでなく、サラリーマン時代と同じ感覚で、経費をかけていたことにもあります。

事務所のあるさいたま市から、静岡とか東北とか、車で移動していたので、経費がめちゃめちゃかかる。住宅を事務所とすることで経費を節約していたつもりでしたが、交通費はサラリーマン時代とあまり変わらないくらい使っていた。サラリーマンの時は、自分のお金じゃないから経費は使い放題だったので、その感覚から抜け出せていなかった。同様に、サラリーマン時代から生活のレベルも下げていなかった。全然儲かっていないので、本来はざるそばにしないといけないところ、天ざるを食べたり。ただ、初年度は、「まだお金もあるし、何とかなる」と思っていました。

しかし、創業2年目も受注状況は相変わらず厳しく、生活費も底をついていきました。情けないことですが、家内の生命保険を解約してもらい、生活資金に充て、家で育てた野菜を食べて、食費を節約しました。小学生の子ども2人には、かなりふびんな思いもさせました。外食も一切せず、映画やディズニーランドに行くこともかなわなくなった。子どもたちもその辺の事情は感じ取るみたいで、どこかに連れていってくれとか、映画に行きたいとか言わなくなりました。

もう昔の顧客名簿を使った土下座営業では、受注が取れないのは明らかでした。追い詰められていたので何でもしようと思いました。そこで目をつけたのがネットです。

ずっとアナログ営業でやってきたので、ネット営業でも何か手を打たないといけないと考えたわけです。

ホームページを作ろうと思って、ホームページ制作会社を探しました。何社か会ったのですが、いい加減な会社ばかりでした。こっちは崖っぷちに立たされているので、ちょっとした支出でも、効果が見込めなければ出したくありません。「月額1万円で鈴木さんのホームページをネット検索で上位に表示する方法もありますよ」といった提案をする会社もあったけれど、話を詳しく聞いていくと何だかうさんくさい。

出逢いと3つの作戦

いろんな人の話を聞き、ネットでも調べました。そんなとき、動画マーケティングコンサルタントの菅谷信一さんの本を読んだんです。すごく内容が濃くて、興味を持ちました。早速、菅谷さんに連絡して、創業2年目、クリスマスを前に菅谷さんと会ったんですね。それが私の転機でした。

人との出会いで運が開けることってありますよね。いい人と出会うと相乗効果が出る。私の場合、それが菅谷さんだったんです。

私はホームページを作るために、菅谷さんを呼びました。きっと「売り込んでくるんだろうな」と思っていましたが、彼はホームページ制作の話をまるでしない。商売の話をしないんです。予想外でした。たぶん、菅谷さんからすると、「この人、お金を持っていないから売り込んでも仕方ない」と思ったんでしょう。その代わりに、菅谷さんは私がこれまでやってきたことを、真剣に聞いてくれたんです。そして、こう言いました。

「鈴木さんが飛び込み営業を年300件やって、頑張っているのはよくわかる。まあ、やらない人よりはましだけど、戦略がなくて300件飛び込んでも、車で200キロ、300キロ走ってお客さんを訪問したところで、移動時間は無駄ですよ」

当時私は、何も勉強していませんでしたから、「いや、移動時間が無駄と言われても、お客さんのところには移動しないと行けない。この人、何を言っているのかなあ」と思いました。菅谷さんの言葉をすぐには理解できなかったんです。

菅谷さんとの話は、お金のかかるホームページ制作には向かわず、アナログ営業の戦略に向かいました。そして、私に具体的な作戦を授けてくれたんです。

私は話を聞きながら、これをやったら確かに効果が出るなと思った。

菅谷さんから教えてもらったのが次の3つです。

1つは、ユーチューブ+アメブロ作戦
2つめ、ハガキ、アナログ営業作戦
3つめ、菅谷式ニューズレター作戦

そして「これらを実践するために、明日から朝4時に起きて仕事を始めてください」と言われました。

「朝4時かぁ」

正直そう思いましたが、もうあとがないし、何しろ菅谷さんの話の説得力がすごかった。

ホームページ制作の話で呼んだのに、その話が一切なくて、「これをやったら、成功するかもしれない」という話を教えてくれているわけです。しかも、お金を取ろうという気配もない。だから、信用しました。それからいろいろ相談させてもらいました。ところが、お金はほとんど要求されない。今はホームページを作ってもらっています。ちょっと高いですが、会社が儲かってきましたので、まったく問題ありません。菅谷さんは「あなたが先に儲けなさい」と言ってくれましたが、本当に先に儲けさせてもらいました。

実は菅谷さんは、ボクシングの元世界チャンピオンの内藤大助さんを陰で支えた人物でもあります。その人が「4時に起きてこれをやれば100%成功する。僕が保証しますよ」と言うんです。この人の言う通りにしたら、私も世界チャンピオンになれるんじゃないかなと、すっかり気分が乗ってきました。でも、無理やり乗せられたわけではなく、とても納得の行く内容でした。だから、やってみようと決心し、駅で菅谷さんと固い握手を交わして、別れました。

朝4時から宿題

その翌日から私は朝4時に起きて、菅谷さんから与えられた宿題をこなし始めました。宿題とは、朝4時に起きて顔出しで動画を撮り、ユーチューブに1日3回投稿。アメーバブログでは自分のことを暴露するブログを取りあえず書いてみる。これらを毎日繰り返す。まだ資金が800万円あったら、菅谷さんに会ってもユーチューブやブログはやっていなかったと思います。「ユーチューブに1日に3回も投稿なんて、ばからしい。移動時間は無駄？　アホなこと言うな」と思っていたでしょう。

追い詰められたことが最大のチャンスだったんですね。私は決して頑張り屋ではありませんが、その時は藁をもつかむ思いで這い上がる方法を探していたので、何でもチャレンジできた。

さらに、菅谷さんの紹介で後藤充男さん（簿記教室・士塾塾長）の存在を知って、モチベーションが上がりました。最初に後藤さんのブログを拝見した時には驚きました。自分のことを暴露しているブログなんですが、その暴露の度合いが半端ない。自分の性癖まで包み隠さず語っていて、ここまで裸になれるなんてすごいなあと思いました。後藤さんにメールを出して、最初に返信をいただいた時、今でもすごく記憶に残っているんですけれど、「ぜひ一点の曇りもなく、即実践、継続されることを強くお勧めします」と書かれていました。後藤さんにも、暴露ブログの細かいノウハウを教えていただきました。

そして、菅谷さんが来た翌日からすぐ、ユーチューブ＋アメブロ作戦を始めました。2006年にグーグルがユーチューブを子会社にしました。この時にグーグルの検索基準が変更され、ユーチューブの検索結果は上に引き上げるようになったそうです。そのため、ユーチューブの題名に自分のキーワード（私の場合は「自動旋盤」）を入れておくと、検索結果の上位に表示されます。ここがキモなんですね。私はデジタルが大の苦手で、当然自分の顔も出したくないけれど、そんなことを言っている場合ではなく、もうやるしかなかった。

追い詰められてよかった

ユーチューブが自社のPRになると思えば、ハードルを越えるのは難しいことではありませんでした。ユーチューブを見る人は多いですが、投稿したことのある人は少数派です。しかも、自分が出るとなると恥ずかしい。嫌ですよね。その気持ちはよくわかります。自分だけで「こんにちは〜!」って言って動画を撮っていても、すぐにネタが尽きてしまいます。これじゃあつまんないだろうなと思って、子どもを引っ張り出してきて、無理やり動画を撮影することもあります。

当時小学2年生の娘に、「お菓子をあげるから、ちょっと踊ってくんない」と頼んだところ、ものすごくノリノリで踊ってくれて、娘のほうから「もう1本撮る?」と言って騒ぎ出す。こりゃ、ちょうどいい。人の家庭の事情とか、ちょっとのぞいてみたいなと思うことってありますよね。後藤さんほど裸にはなれないのですが、子どもたちや家内まで引っ張り出して、動画を撮ってユーチューブに投稿するのが日常化しました。

タイトルは「自動旋盤専門商社の菜園!」とか「自動旋盤専門商社で雛人形片付け

ています」とか。なんじゃこりゃー。仕事にはまったく関係ない。でも、親密感が湧いてくることってありますよね。

恥も外聞も捨て、裸になって入り込む。戦略といえども、何でもやるしかないなあと思いました。

ユーチューブに動画を投稿してキーワードを入れ、2、3日後に検索すると自分たちの動画が出てくるんです。

「出た、出たよ！ ゆみちゃんが踊っているよ」。お金がなくて外出できないので、家の中で動画を見て盛り上がります。

仕事なんだけれども半分遊びというか。さすがに「自動旋盤専門商社の夕食です」という動画はみんな見ないですけど、まともな動画ももちろんあります。1日1件の投稿で年間365本。1件につき3人のアクセスでも年間1000アクセス。数打ちゃ当たる。

例えば「自動旋盤専門商社、今日は研磨機を納入しました！」と題した動画には1900のアクセスがある。この間、研磨屋さんからほめられました。「鈴木さん、うちの動画をあげてくれているんですね。動画が社内で評判になっています。すごいですね」

この動画がきっかけになって、「桐生市のお客さんから機械の引き合いがあるんですが、鈴木さん、間に入りますか？」と仕事を振ってもらうことができました。追い詰められているから、できるんですね。

大企業にはできない

スター精密みたいな会社だったら、こんなアホらしいことはできません。ちょっと前に、「スター精密を退職したやつが、なんかすごい動画をネットに載せているらしい」とスター精密の社内で話題になり、同社総務部から「どうなっているんだ」と問い合わせがありました。

私は「オレは必死にやっているんだ。スター精密の機械を売らないといけないから、かっこ悪いけれど許してくれ」と答えました。

上場企業はイメージも大事ですし、何しろ社員じゃこんなことはできない。社内で大問題になるはずです。つまり、会社としてOKが出ないと思います。

ユーチューブ投稿で、第一のキーワードは「自動旋盤」と「スター精密」。第二のキーワードは「埼玉県」「群馬県」「茨城県」。そして47都道府県の動画を全部アップしています。各県で自動旋盤の加工できるところ探そうと思って、例えば「自動旋盤」「神奈川県」と検索をかけると、私の動画が上位に表示されます。そうすると、「なんだこれは」と気に留める人が出てくるので、手始めに47都道府県を押さえました。次は市町村まで登録中です。

動画で話すのはこんな話です。

「株式会社鈴喜の鈴木です。自動旋盤専門商社です。自動旋盤でお困りのことがございましたら、ぜひご連絡ください。ま、一番困っていたのは私なんですけどね（笑）」

これをスマホで撮ります。スマホを固定する器具を使えば、車のなかでも撮れます。動画をスイッチオンしてから消すまでの動作も映っていますが、むしろ素人丸出しのほうが、見ているほうからは親近感が湧きます。かっこ悪くてもいい、かっこつけなくていい、同じ内容でもいい。題名が違っていれば、検索にヒットしやすくなります。最初は内容を充実させようと、いろいろと考えてやっていたんですが、途中からは中身はどうでもよくなっちゃって、毎回内容はほぼ同じで、題名だけを変えたりしています。要は検索で引っかかって、備考欄のホームページアドレスをクリックして見てもらえればそれでOK。「自動旋盤業界の人だよね、この人?」「自動旋盤専門商社ってなんだろう?」「こいつなんだ? 変なやつだな」と思ってもらえればいい。そうしたら、業界の人なら、ホームページもちょっと見たくなるじゃないですか。

今のホームページには、アメーバブログの細かい内容、今までの経緯や商売の内容が載っています。アメブロを書いて、ユーチューブのアドレスをコメント付きで貼り付ける。慣れれば1回3分ぐらいでアップできます。

こうした作業は最近、家内に全部やってもらっています。家内は朝、パパッと動画を撮って、10分ぐらいでユーチューブとアメブロにアップして、それから仕事に入る。大したボリュームではないのでスマホを持っていれば大丈夫です。

でも、自分の動画を撮って公開することは、普通は恥ずかしいと思いますよ。そこを乗り越えられるかどうかが最初の難関で、次はそれを継続できるかどうかがとても重要です。

2カ月目に7000万円の売り上げ

菅谷さんに会ってから1年9カ月で、600本の動画をアップしました。ペースにすると1日1本強。当初1日3本をアップせよと言われたんですが、なかなかできない時もあるので、このペースです。

ちなみに、私のユーチューブの投稿動画では「24時間年中無休受付」をうたっていますが、夜中に電話がかかってくることはありません。ほとんど9時～17時です。でも、「24時間年中無休受付です」と言うと、お客さんは感心し、本気だなと思う。よく「すごいね」と言われ、信用面で大きな効果があると思います。

ユーチューブに動画を投稿してアメブロに飛ばすと、あとは勝手にネット上で拡散されていきます。夜中でも休日でも。当社の商売は客単価が高く、中古機械でも最低1000万円からです。上限は新品で3000万円まで。動画投稿やブログで全然知らない人から問い合わせが入り、つながりができるのはものすごくありがたい。売っている商品の価格が高いので、ビジネスチャンスがもらえるだけですごく助かります。

だから、冷やかしの問い合わせが来てもありがたいです。

「オレ今な、川口で自動旋盤屋をやっているんだけど、ネットで見たぜ。面白いことやっているな」という問い合わせだけでもいい。

「あーそうですか。じゃあ今度顔出しますね」と返事を打つ。

ユーチューブとアメブロの効果はすごいですよ。

でも、これだけで注文がどんどん決まるわけではありません。動画投稿やブログは

「きっかけ」であり、売り上げに結びつけるには、アナログのドン臭いところ、つまり顧客との関係作りが必要になります。この点についてはあとで触れます。

私の場合、効果は、動画をアップし始めて2カ月後ぐらいに出てきました。動画をきっかけに中古機械の問い合わせをもらい、すぐに訪問してつながりを深め、短期間の間に7000万円の商談がまとまったんです。この時から歯車が、いい方向に回り始めました。ユーチューブが見込み客を連れてきてくれ、その客にアナログ営業で接近戦をして、フォローしてクロージングする。動画投稿やブログのおかげで、全然知らなかった人と商売ができるようになった。その効用は客単価が高いこともあって、ものすごく大きいと感じました。

新規顧客に対しては、1回きりではなく継続して取引できるようにアナログ営業でフォローしています。最近ではおかげさまで、商談で外出することが多くなり、ユーチューブ動画の制作と投稿は家内に任せています。「なんじゃこりゃ」と思う動画ばかりなのですが、この動画がすごくウケていて、問い合わせがしっかり来ます。客先では「あんた、奥さんまで出してやってんの!」と話題にのぼることも多く、ある意味、注目を集めています。

——ここからは鈴木社長の奥さん、友美さんのお話に耳を傾けてみましょう。

奥さんが動く

最初、自分で動画を撮って投稿するのは本当に抵抗があり、嫌でした。何が嫌かというと、名前も声も顔も全部が映像として出てしまうし、残ってしまう。恥ずかしいじゃないですか。

そんな私でも、今は平気で投稿しています。どんな気持ちの変化があったのか、きっかけを少しお話しします。

それまでも夫から「やって、やって」と動画撮影と投稿を頼まれていたんですが、ほかのことは手伝うけれどユーチューブだけは勘弁してほしいと言っていたんです。それほど心理的にとても抵抗のあることでした。だから、ユーチューブ作戦は夫が一人でやっていました。

夫が動画を撮るのは、営業回りや出張帰りのあと、たいていは夜遅くで、顔がすごく疲れている。元気度は、「いってらっしゃい」と朝、家から送り出した時の半分ぐらい。やつれて、げっそりして、すごい顔だと思っていました。それを見た時、「私がやったほうがいいのかな」という気持ちに少しなりましたが、でもやっぱり恥ずかしい。

しばらくの間、夫が投稿を一人でやっていて、ある時、「ユーチューブ、見たんです」と問い合わせの電話をもらったんです。私は「あっ、ありがとうございます！見ていただいてうれしいです」と答えました。

自動旋盤のお問い合わせをもらったと思ったので、熱心に見てくれてうれしいと素直に思いました。ところが、その方から意外な言葉をいただきました。

「いや、社長さん、顔が疲れているけど、カラダ、大丈夫ですか？」

実は、自動旋盤のお問い合わせではなく、夫の動画を見て、健康状態が心配になり、わざわざ電話をかけてくれていたんです。

「大丈夫です。元気でやっております。ありがとうございます。自動旋盤のことでご相談がありましたら、よろしくお願いします」と答えたんですが、その後も、同様のお問い合わせが2件ありました。ショックでした。

「妻として、恥ずかしいから嫌だなどとは言っていられない」と思い、動画撮影と投稿を始めました。ちょうどその頃、菅谷さんが2回目の面会に来てくれ、「いざやってみれば平気でしょ。全部さらけ出している女優さんなんかに比べたら、恥ずかしいとか言っているレベルじゃない。もっとガンガンやりましょう！」と背中を押してくれ、それからだんだん平気になってきました。

私がユーチューブで言っていることは、本当に大したことではなくて、毎回同じことを言っています。今後の目標は、国内外からの自動旋盤のお問い合わせはもちろん、それに加えて海外から金属部品加工の仕事をいただくことです。リーマンショック以降、金属部品加工の仕事は単価の安い海外にどんどん取られていきました。

でも、私は、日本の品質管理や加工技術は世界に誇れるものであり、そこをもっとアピールして、海外から加工単価の高い仕事を取りたいと思っています。夫が自動旋盤の客先からよく聞く話が2つあります。1つは「国内で仕事が全然なく、もう自分の代で終わる」、もう1つは「国内に仕事がなければ海外から仕事を取る」。

それを聞いた時、私たちに何がやれるのか、今、自分に何ができるのかと考えました。すぐやれてお金がかからないことと言えば、ユーチューブ作戦です。今度は世界へ向けて、英語で発信しようと思いました。

実はもう、恥ずかしくなくなっているんで（笑）、アメリカに向けて「部品加工の図面を1枚でもいいからください」と発信しています。

もともと英語なんて全然できませんよ。あまり考えすぎるとできなくなるんで、「プリーズ・センド・ドローイング」とか、いろいろしゃべっています。海外のお客さんと、国内の部品加工会社をつなぐ役割ができればいいなと思っています。

——再び鈴木社長のお話に戻ります。

手前味噌ですが、妻にこれだけやってもらったら、すごく助かります。ぜひみなさんも奥さんに協力してもらってください。

毎朝1日1枚ハガキを書く

ただ、ユーチューブへの動画投稿だけやっても受注にはつながりません。問い合わせ先と実際に会い、面談し、その後はお礼ハガキでフォローします。朝4時に起きて、1日1枚でいいからハガキを書く練習をするようにと菅谷さんに言われました。習慣のない人がハガキを出したり返信したりするのは大変です。だから習慣となるように、毎朝1日1枚ハガキを書くことを続けています。

毎日ハガキを書くと出す先がなくなってくるので、田舎の父親や母親、弟にも出しました。彼らにしてみれば、電話もめったにかけない身内からいきなりハガキが来るので驚きますし、たぶん喜んでいると思います。家内にも「いつもありがとう」と書いて、出していています。返事はもらえなかったですが。

ハガキを出すと、お客さんに会ったとき、「この前はハガキをありがとう」と言ってもらえます。それは、お客さんの印象に必ず残るからです。デジタルの時代だからこそ、こうしたアナログの手段が効果を発揮します。ライバルは、ハガキなんてばかにして出さないですから、余計に際立つ。

「ユーチューブ＋アメブロ」「お礼ハガキ」に加えて、さらに菅谷さんから伝授されたニューズレターを2カ月に1回発行しています。使用するのはA4判1枚の厚紙で、表裏に印刷して、そのまま送ります。宣伝ではなくニューズレターなら、相手に読んでもらえる確率は上がります。封書で送ったら未開封のまま捨てられてしまいますが、厚紙に書いて裸で送れば、閲覧確率は格段に上がります。

記事作成は全部自分でやります。大した内容じゃないけれど、記事の作成は結構大変で、いつも月末ぎりぎりにバタバタして発行しています。家庭用プリンターで印刷して、約250部出していています。

最近、お客さんからニューズレターの存在を認知されるようになりました。効果はすぐには出ませんが、コツコツやっているとお客さんが「あんた、よくこんな面倒くさいことやるねえ」と言ってくれるようになり、信用度がアップします。

ニューズレターがいいのは、なかなか訪問できない遠方のお客さんをフォローできることです。ニューズレターを出していると、お客さんの記憶になんとなく残ります。いざというとき、私の存在がお客さんの選択肢に入るかどうかが重要ですので、顧客の維持管理には、有効なツールです。ちょっと大変ですけど、お客さんから「ニューズレター、見たよ」なんて言われると、すごくうれしいですよ。

家内と2人で7000万円の入金を確認

「ユーチューブ＋アメブロ」「お礼ハガキ」「ニューズレター」。これら3つの作戦を展開し、創業2年目の最後に7000万円の商談が決まって、黒字になりました。1年目の売上高は2482万円、2年目は対前年比4・7倍の1億1600万円。

2年目の後半から菅谷さんの指導を受けて、4時に起床して3つの作戦を実行したら、売り上げが右肩上がりで増えました。お付き合いが増えると、口コミでさらにお客さんが増えるという相乗効果が出て、3年目の売上高は1億7800万円。2年目と比べると1・5倍です。

1年目は土下座営業だったので、売上高が2500万円くらいあっても赤字でしたが、今は土下座営業ではありません。無理には売らない。お客さんと自分にメリットなければ、そもそも商売はしない。互いにメリットがあると判断したら、商談を進めるので、創業当初に比べると、売り上げも事業内容も濃い。1年目に全然売れなかったときは、もうここで終わってしまうのかと思いましたが、2年目に黒字を出した時には、本当にうれしかったです。

7000万円の商談が成約した時は、大口の入金を家内と2人で確認するため銀行に行きました。通帳で入金を確認した時には、2人で手を取り合って「よかったね！やったね！」と飛び上がって喜びました。周りのお客さんからジロジロと見られましたが、全然かまいません。それまで預金は減る一方だったのでうれしかったです。

こうした経緯で、どん詰まりの貧乏生活から脱出できました。4年目は、さらなるステップアップに向けて、中古の倉庫を借りました。事務所兼住宅を埼玉県春日部市から東京外環自動車道に近くて機動性の高いさいたま市に移しました。

4年目の売上目標は2億3300万円に設定しました。前年の1・3倍で1年目の約10倍の金額です。商品は1年目と変わっていません。つまり、痛感するのは、1年目はいかに売り方が悪かったか、言い換えれば、戦略がなかったということです。

栢野さんのDVDを見ながら、最近は「夢・戦・感」、つまり「夢」と「戦略」と「感謝」が重要なんだと、最近は少しわかるようになってきました。目標を置いて、その実現に向けて戦略を立て、お客さんへの感謝の気持ちを持つ。最初はピンと来なかったのですが、最近すごくわかるようになって、腑に落ちてきました。

やっと、経営者としてなんとかスタートラインに立てたところです。上を目指すには、今後も感謝の気持ちを忘れてはいけないと思っています。


鈴木さんの起業の実録、いかがでしたか。奥さんの献身的な協力が印象に残りました。今では売上高が3億円を超え、既存客のフォローで会社が回っていくようになったそうです。それでも朝4時起きを続けている。すごいですね。

有名企業に勤めていても、退職したらただの人になってしまいます。そこから信用を築き上げるのは、簡単なことではありません。また、サラリーマン時代に当然と思っていたことが、独立したら無駄、あるいは割高のコストになっていることも少なくありません。脱サラ起業を目指す人には参考になる事例です。

文中に登場した菅谷さんと後藤さんからもアドバイスをいただきました。ぜひ読んでみてください。

鈴木さんの成功のポイントは3つ

証言
その1

菅谷信一さん（動画マーケティングコンサルタント）

鈴木さんと最初に会った日のことを覚えています。夫婦2人とも元気がなかったです。悲惨な状態でしたからね。「僕は、ホームページを作りたい。菅谷さんの本を読みました。この通りにお願いします！」という依頼があり、実は100万円の見積もりを持っていました。ところが、話を聞けば聞くほど、お金をもらえるような雰囲気じゃない。まず、すぐ帰ろうと思ったのですが、片道2時間かけて来たので、すぐ帰るのももったいない。そこで後藤さんが、半年で1000本ぐらいやっていたユーチューブへの動画投稿の事例を作戦として授けることにしたんです。

鈴木さんの成功のポイントは3つです。

1.キーワードの組み合わせ

600本のユーチューブ動画をよく見てください。いろんな型番とか、こりゃ同業は考えないなという言葉（スモールキーワードというのですが）をコツコツ書いてリストアップし、動画作成のヒントにしました。

2.バリエーション

2人がカメラの前でしゃべっているものもありますが、よく見るといろんな舞台を選び、バリエーションを変えてやっています。みんながつまずくのは、いわゆるネタ切れです。ネタ切れ防止のために、いろんなバリエーションを考えてやっています。

3.羞恥心を捨てる

鈴木さんにはとにかく行動してもらいたいと思って、「羞恥心を捨てなさい」と言いました。「カメラの前でパンツを脱げとまでは言ってない、後藤さんや栢野さんのユーチューブ動画を見たら何でもできるでしょう」と背中を押しました。同じ言葉を本書の読者のみなさんにも送ります。

大事なのは「リアル」を伝えること

証言
その2

後藤充男さん（簿記教室 士塾塾長）

僕たち素人の場合、大事なのは「リアル」を伝えること。だから動画を撮る時はカメラの録画ボタンを押すところとか、止めるところとか、そういうのも全部ひっくるめて、見せてしまうことが大事です。大手は絶対に真似できないし、そもそも大手はカッコつけようとします。だから、中小・零細の僕たちがカッコつけても仕方ない。結局、僕の動画も、成約に結びつくのはこういうところが見る人を引きつけるからなんです。

久慈浜海岸シリーズという動画をよく流しているんですが、それは海外に行って、30分ウォーキングした後、自分との対話を毎日記録した動画です。ハーハーしながら撮るんですよ。何も考えないで、とりあえずカメラの録画ボタンを押す。このとき、飾りがまったくなくなるんですね。動画を撮っている時は何も考えない。考えないから羞恥心も捨てられる。

僕の経営する塾は茨城県日立市にあるんですが、約半分は東京から来る。「何で来るんですか？」と聞いたら、こういう動画を見て、「この人、嘘はついてないな」と思ったことが動機として大きかったというのです。

ユーチューブにアップした動画の数は今、3500ぐらい。累計再生回数が30万回を超えていますが、それでも地元で、「あの人ユーチューブに出ていた人だ！」と言われたことは一回もありません。自分の商売に関係ある人は見るかもしれないが、それ以外の人はまず見ていない。だから、恥ずかしがる必要はまったくない。無料だし、嫌ならいつでも削除や非公開にできる。今すぐ、スマホで動画を撮ってアップしてみてください。

第7章

成功するファンづくり、顧客対策

商品（何を）、地域（どこの）、客層（誰に対して）、営業（どうやって売るか？）の次は、一度集めたお客を、どうやってリピート、ヘビーユーザー、ファン、そして信者にしていくか？　具体事例をもとに見ていきましょう。

前味・中味・後味

博多の繁盛居酒屋「地球屋」。植松伸吉社長は「味には前味、中味、後味の３つがある」と言います。

「前味」は、お客が店に行く前。例えば、電話した時の声とか言葉遣い、予約をする段階での対応。私が会社から電話して予約したところ、ファクスが１枚来ました。

「地球屋をご利用頂いてありがとうございます。下の地図で、ご不明な点がありましたら、お電話ください。バスは○番と△番が近いです。地下鉄はここが近いです。担当・植松」

何人かで行く場合は、私が場所を知っていても、他の人はわからなかったりします。さらに当日にもファクスが届きました。

「本日のご予約ですが、人数はいかがですか？　増減の変更は遠慮なくお申し付けください」

直前で人数が減ったら、店に遠慮して言いにくいお客もいますね。中には、予約人数分は払えという店もあります。ちょっとした気遣いですが、気の弱い私なんかは、こうした文言を見ると感動します。

地球屋のファンで日本トップクラスの飲食店コンサルタントの大久保一彦さんも、「繁盛している飲食店は、予約の段階でお客を感動させている」と言います。

次に「中味」は、実際の商品の質や店での接客サービスのことです。接客で感心したのは、各テーブルや個室に料理を届ける時、「これ1番さん！」ではなく「栢野さん！」とお客の名前で呼ぶことです。予約でない新規客のグループも幹事の名前で呼んでいました。簡単なことですが、こうした店は意外に少ない。なぜそんなことができるかというと、各テーブルの注文伝票に、予約者や幹事の名前を聞いて書いているからです。これならバイトや厨房にもわかりますよね。なんということはない小技ですが、「お客さんを番号で呼びたくない」という心意気が伝わります。

三番目の「後味」は、あとで満足してもらえるかどうか。料理と接客を一生懸命にやり、コストパフォーマンスの良さに、レジでの精算時に「あれで350円！　安くて悪いね〜」とお客に謝ってもらえれば最高です。

さらに、得意客にはお礼ハガキを出し、法人客には定期的に訪問して挨拶する。これは、同じく地場で切磋琢磨している同業の「いずみ田」や「酔灯屋」もやっています。いずみ田のオーナー、泉田信行氏は、「飲食店は、わざわざお店にまでお客様に足を運んでいただいている。大口の法人客に挨拶にうかがうのは普通でしょう」と言います。さすがですね。

お礼ハガキを出す日本酒メーカー

倒産寸前から蘇った福岡県朝倉市の日本酒メーカーの篠崎。現在は年商10億円で順調な経営を続けています。

蘇った理由の1つは大量生産・大量販売の商品を捨てたことです。大量販売の商品は、売り上げは稼げても、利益が出ません。大手とも競合する。赤字の商品では商売する意味がないとわかり、仕込みに2、3年かかる商品に変えることを決断しました。でも、心配なのは、エンドユーザーの反応です。

営業方法は、「篠崎→全国問屋→地方小売店→エンドユーザー」という間接販売で、エンドユーザーとは直接接触できません。エンドユーザーに接近するにはどうすればいいか、試行錯誤した結果、酒の箱の中にアンケートハガキを1枚入れることにしました。すると100人に1人の割合で返事が来ました。

そのすべてに対して、篠崎博之社長は返事のハガキを出す。篠崎社長は、1日に30枚の返信が必要でも、1行だけなら書けると言います。篠崎社長がこれまでに返信したハガキの枚数は、1万枚を超えるといいます。社長から直々に手書きの「ありがとう」ハガキが届いたら、お客さんは感動してファンになりますよね。

手書きの個別メッセージで大成功

和歌山の水道工事店が、既存客300人の家にポスティングしたら、メーカー主催のフェアに150人が来店しました。なんと50%の反応率です。その秘密はチラシにありまず。チラシ自体はメーカーから販促用に送られてきた特徴のないものですが、なぜ、そんなに反応があったのか？　実は、お客一人ひとりを思い出して、お客が喜ぶこと、役立つことを考えて、チラシにひと言メッセージを書いたそうです。大量生産のチラシでも、手書きで個別メッセージを1行書いたら、オーダーメイドのチラシになります。

士業コンサルの横須賀てるひささんも、名刺交換したあとのお礼ハガキに個別メッセージを入れています。人と会った時、ヒアリングをして、相手の情報を入手する。ハガキの文面には、相手の情報に加えて、名前を2回以上入れる。そして、「栢野さん、この前は名刺交換ありがとうございます。栢野さんの話のここがよかったです」と具体的に褒める。人は自分の名前を見るとうれしい。これは人間の本能ですね。「自分の名前」「誕生日」「褒められる」というのは、ものすごい快感なんです。

年賀状でも同じです。単にプリントしただけの年賀状は、サッと見て終わりですが、1行でも手書きがあったら目に留まる。これは経営でもまったく同じです。

弱者は、いかに手作りのところを入れるかがコツです。「そんなことは面倒くさい」というのは強者の発想です。

中小零細や個人店でも大手と同じように、つい同じ文面や内容のメール・ハガキ・

DMを送ってしまいますが、本当は、一人ひとりに伝えるメッセージは違うはずです。ちなみに、やずやの場合は、お客を10種類に分けてDMの内容を変えています。売上高400億円の企業でもここまでやるんですから、弱者は手作り・面倒くさい系で付加価値を付ける必要があります。

余談ですが、ペットがいる家庭には、ペット宛にもハガキを書いたらいいと思います。私も猫を飼っていて、猫は家族の一員です。「ムクちゃん、お元気ですか?」と書かれたハガキが届いたら、たぶん家族中で大騒ぎになります。ぜひ実践してみてください。

お客に役立つ勉強会を開催する不動産屋

中洲の福一不動産のお客はスナック・クラブのママさんです。
ママさんが困っていることは何だと思いますか?
女の子の採用がうまくいかない、売り上げが伸びない、リピートがない……つまり、私たちと同じ経営の悩みなのです。

それなら「自分たちが勉強してうまくいった方法を、そのままお客に伝えよう」ということで、福一不動産はママさんを集めて勉強会を始めました。

最初は、自分では講師ができないので、教材を使った3、4人の少人数の勉強会からスタートしました。今では年に3回、クラブで大成功したママさん、居酒屋で成功した社長、飲食コンサルタントなどを呼んで、大規模な有料セミナーを開催し、毎回150人くらい集まります。

さらに勉強会の延長で、ママさんから個別に相談を受けてコンサルティングをしたり、開業したい人を対象に、400万円あれば1週間後に独立開業できるパッケージを企画したりしています。これは居抜き物件の紹介とコンサルティングをパッケージ化した商品で、やっていることは飲食コンサルタントと同じです。

それとは別に、ポータルサイト「e中洲ドットコム」を立ち上げ、一般のエンドユーザーが安心して遊べる店を紹介しています。

さらに毎月、一般のお客と10人前後で、自分の顧客のスナック・クラブに飲みに行く会を作っています。物件を紹介し、経営に役立つセミナー・勉強会も開催してくれる。おまけに、自分の店の宣伝や、お客まで連れてくる。こんな不動産屋はどこにもない。その結果、「中洲なら福一」との口コミ評判は高まるばかりです。

常識外のお客フォロー

2000年頃、「あじねフライパン」の内田信也さんは夫婦で、オーダーメイドのフライパンのネット販売を開始しました。鉄製で1万円からの手作りは、大手はやりません。リピートが期待できないからです。内田さんは、その顧客維持対策として、なんと、一度売ったフライパンを無料で何回でも磨き直すことにしました。

確かにお客さんはつなぎとめられますが、それで商売が成り立つのか。正直、1年も持たないだろうと私は思っていました。

ところがその5年後、月商100万円を超えました。これには驚きました。無料で鉄のサビを何回でも磨き直すアフターサービス、モノはいいし、伝え方もうまい。評判が評判を呼び、あとは売り上げが伸びる一方。小手先の戦略を超える、本気のフォローと覚悟が顧客の心をつかんだのです。

創業前の一風堂がやったこと

今や年商が200億円を超えた、世界のラーメン一風堂。サラリーマンで大失敗した河原社長は、追い込まれて小さなバーを1人で開業。1年後には月商500万円を超える繁盛店となりました。その時心がけたのは、次の2つでした。

①お客の顔と名前と誕生日を覚える

当たり前のようで、なかなか実行が難しいのがこれ。人間関係の世界的ベストセラー『人を動かす』のデール・カーネギーは「人は自分の名前が世界で一番、いとおしい」と言っています。河原社長も、お客さんと雑談して、名刺の裏やメモに名前と顔の特徴や趣味を書き、店が終わったあと、家で酔ってベッドに寝転びながらも、得意客の顔と名前、誕生日を400人分覚えたと言います。

飲みに行って、店の人から「おめでとう！　確か来週、誕生日やね。ちょっと早いけど、今日は一杯おごるから」と言われたら、うれしいですよね。

②お客と食事をする

ちょっと知り合ったら、社交辞令で「今度、食事に行こうよ」と言うことはありませんか。でも、言うだけでなかなか行かないのが現実です。

そこを乗り越えて、一緒に食事をすると、人間関係は一気に深まります。河原社長はキーマンと、多い時には昼飯を3回食べたと言います。ちょっと早めの11時半に山田さん、12時半に鈴木さん、13時半に伊藤さん。夕方は若いキーマンを「ちょっとお茶でも行こうぜ」と誘う。さらに店が終わった深夜には、残ったお得意客と、シメのラーメンを食べにいく。

「自分一人の小さな店で、ここまでやれば繁盛しないはずがない！」と、河原社長は私が主催したセミナーで吠えていました。

お客から忘れられないようにする

私の友人に「ホワイトベース」の小串広己さんという、ハガキ系のコンサルタントがいます。小串さんによると、美容室は毎年5％の店が倒産、廃業しているが、年に1回でもお客フォローハガキを出せば、廃業率が0・5％と10分の1に減り、年4回以上出すことを10年続ければ廃業ゼロになると言います。

飲食店の来店アンケートで「店に行かなくなった理由」は、昔も今も「そういえば忘れていた」がトップです。飲食に限らず、大半の業界で商品のレベルはどの会社でもそう変わらない。だからこそ、一度ご縁のあったお客には、ハガキでも挨拶でもメールでも、何らかの形で忘れられないよう、フォローすることが非常に大切です。

ハガキで顧客との距離を縮める

福岡の某リサイクルショップ。ここの社長は以前、新品販売で年商10億円までやって失敗しました。その後、弱者の戦略を勉強しなおし、大企業のライバルが多い新品の販売をやめて、中古と修理に特化しました。地域は福岡県全域から半径1キロに絞り、手作りチラシを一戸建てなどにポスティングし、時には挨拶して手渡しの接近戦による宣伝を展開しました。

この社長にとって夜8時から10時まではハガキタイムです。その日に来たお客さんや問い合わせをした人に、「今日はありがとうございました！」と書いて、すぐに福岡中央郵便局に持っていく。すると、早い時には翌日の午前中に届きます。

それを繰り返して10年。今、顧客リストが1000人を超えました。名前、家族構成、趣味、性格、購入した商品、喜んでくれたこと、クレームなどを、顧客管理ソフトではなくエクセルに打ち込んでいます。

お客さんには、平均で年間7回、ハガキを出す。得意客には年間15～20枚、ほとんど毎週のようにハガキを出すと言います。もちろん、人によっては嫌がる人もいるので、そういう人には回数を減らしています。

私がこの店の社長のところに遊びに行った時、明らかに金持ち風の婦人が入ってきました。「伊勢丹にあるルイ・ヴィトンの新作バック、あれを仕入れといて。頼んだわよ。じゃあね」と言って帰っていきました。

「どうせ買うんなら、あなたから買うわ」というシーンを目の前で見て驚きました。金持ちの外商みたいな感じで、お客さんの心を完全につかんでいました。この店の社長のドン底時代を知っているので、私は「でかした！」と心で喝采し、感動で涙が出そうになりました。

今、経営は順調なんですが、昼飯は近くの弁当屋でおかずを1つとご飯を2つ買って、夫婦で分けて食べていました。昔、調子に乗って贅沢して失敗したことを忘れていないんですね。すごいなあと思いました。

本当の商品は心

沖縄県那覇市に、沖縄教育出版という年商10億円の通販会社があります。主力商品はウコンです。ここは楽しい朝礼をする会社として知られていますが、私が見学に行った時は、顧客フォローの秀逸さが目を引きました。

1つ目は、手書きのハガキや手紙を出していること。通販ですから、通常の印刷物DMは当然ですが、それに加えて手書きも実践。1人の担当者が約500人の顧客をフォローしています。

2つ目は、1～2カ月に1回の電話フォロー。ここでは売り込みはしません。「山田さん、元気？　お孫さん、どうしているの？」などと世間話のように話を切り出して、相手が話し出したら、こっちからは絶対に切らない。3時間も相手の話に付き合うこともある。効率重視の大手には考えられないやり方です。顧客は60～70代のシニアがメインで、独居老人も多い。そのなかには商品ではなく、月に1度の会話を楽しみにしている人もいます。

ある電話オペレーターは、得意客の70代男性に夜7時過ぎに電話をしました。

なぜだと思いますか？

その男性は2年前に奥さんを亡くして独り暮らしで、まだ仕事も続けている。家に帰ると誰も話し相手がいないわけです。そのオペレーターは男性が家に帰ってくる時間を見計らって、「おかえりなさい！」と電話をします。

男性は、その女性からの電話を楽しみにしていて、電話オペレーターもそれを知っています。話し相手が欲しいために、毎月5000円ぐらいの商品を継続購入しているわけです。

商品はウコンですが、本当の商品は心。やずやは通信販売を昔から通心販売と言っていますが、さもありなん。健康を売りにする商品は、プラセボ効果を含め、商品そのものの成分や効能以外に、電話での会話やハガキなど、まさに接客サービスが大事な商品なんですね。大企業の大規模コールセンターでの機械的な対応ではあり得ない、中小零細企業ならではのやり方です。

「お客の声」で売り上げを伸ばす

商品を買う場合、売り手の営業トークや広告だけでは、買い手から信用を得ることはできません。その点、アマゾンや食べログのレビューシステムは優れています。もちろん、やらせもありますが、当事者の自画自賛より、実際に買った人の意見は参考になります。

私は「やずや」の早朝勉強会に毎週出ていますが、そのメンバーのなかで元気のいい、みつおかパソコン教室、カツラのネット販売・ウィズアルファ、英会話のＦＣ（福岡コミュニケーションセンター）の経営者たちは、「お客様の声」を聞いて事業に生かすことに力を入れています。

自社の商品を買った客にアンケートやインタビューをして、商品を知ったきっかけや購入の決め手となったこと、実際に体験して満足したことなどを聞き出し、地場のタウン誌、チラシ、サイトに掲載し、広告効果を高めています。

「やずや」のような通販業界では、商品と一緒に「お客様の声ハガキ」を同封し、返信のなかからいくつかを会報やパンフレットに毎回載せることは常識です。ところが、通販以外のリアル店舗ではまだまだ1割もやっていません。店頭、郵送、ネットなどで「あなたの声を聞かせてください」というアンケートを実施しましょう。

カツラのウィズアルファの宮崎弥生代表はこう言います。

「最初の頃は、アンケートをしてクレームが来るのが怖かった。でも、いざやってみると、うれしいお褒めの言葉ばかり来て、やりがいを感じます。普段、エンドユーザーの声に触れない提携工場や裏方の人も、お客様の直筆アンケートに大喜びです。さらに、商品改良のヒントもたくさんある。もちろん、資料請求があった人へ送る資料のなかにアンケートの結果を同封しています。これをやると明らかに受注率が上がります」

中古車販売のオートネットワールド（名古屋市）とオート・ワン（久留米市）は、ともに地域を絞ったネット検索広告を活用して集客する先駆者です。アナログでは来店のお礼ハガキに加え、購入者にアンケートをとり、本人の了解を取って店内やサイトに掲示しています。顔写真と名前入りですから、購入を検討している新規客への説得力は抜群です。自分で自分を売り込むより、顧客の声を活用したほうが、効果が圧倒的に違います。

ある会員制セミナーをやっているコンサルタントは、受講生に毎回、スマホやカメラで動画インタビューをしています。

「実際、受講していかがでしたか？」

「いや〜最高です。本やDVDも視聴しましたが、やはり生がいいですね。ビンビン伝わるし、身に入る。この参加者の人脈も宝ですね！」

こうした声をユーチューブと自社サイトにアップします。講師自らの声より参加者の声、しかも文章より動画のほうが、説得力があります。

読者のなかには、「私はまだまだ三流四流。とてもお客様からお褒めの言葉をもらうような実力はない」と謙遜する人もいると思います。

でも大丈夫です。最初は、正統派のやらせで構いません。身内や友人、気心の知れた顧客に、お世辞でもいいから推薦の声をくださいとお願いしてみる。

私も自著のアマゾンレビューは、最初の頃は友人に頼みました。自分のブログやメルマガでも、レビューを書いてくれるようにお願いしました。無名や弱小の場合、何もしないと、レビューはつきません。やらせであっても、最初に何人か書いてあると、あとの人も書きやすいものです。

近いから、悪いことはできない○○リフォーム

先日、あるセミナー講師の宣伝サイトにある「お客様の声」に友人を見つけ、直接、感想を聞いてみました。

「いや〜、今振り返ると実際は50点かな。役立つところもあったけれど、もう二度と

参加しないと思う。でも、セミナーが終わった開放感を味わっている時に、感想をお願いしますと言われれば答えるし、これがネットで公に流れると思うと、悪口は言えない。自然にヨイショやお世辞を言うことになる」

そういえば私自身もアンケートや感想を求められ、同様の経験があります。実名で面と向かって、しかもネットなどに出る場合、その会社や商品の悪口は言えません。だからこそ、安心してアンケートをやってください。こちらの予想を超えるうれしい声や、そのまま広告に使えるキャッチコピーが見つかることもあります。

キャッチコピーで面白い話があります。

以前、豊橋の勉強会で、あるリフォーム会社の社長がお客さんに、自社を選んだ理由を聞きました。答えは「あんたは同じ町内だし、近いから悪いことはできないでしょ？」。

その場で決まった広告のキャッチフレーズが、これです。

「近いから、悪いことはできない○○リフォーム」

これは実話です。

さてここで再び、ケーススタディーです。登場するのは、アパート・マンションオーナー専門の保険代理店、リスクマネジメント・アルファを経営する小沢亘《わたる》社長です。

小沢さんは実家のゴタゴタで大学を中退し、最初に入ったのが派遣会社でした。そこで、営業のやり方を覚え、ある日、ニコス生命に飛び込み営業したところ、「元気な営業マンだねえ」と声をかけられ、半年ぐらい説得されて転職することを決めました。

ニコス生命を経て独立し、紆余曲折の末、創業したのが、現在のちょっと変わった保険代理店です。顧客の声をとことんまで聞いていくことで、新しいビジネスの活路を開きました。

ここからは、小沢社長に語っていただきます。

ケーススタディー3

建物オーナーの「困った」を一気に解決 面倒くさい系商品で市場を独占

小沢亘社長（株式会社リスクマネジメント・アルファ）

最初の独立で借金2000万円

27歳で保険業界に入り、わりとすぐ、地域のフリーペーパーとタイアップして、すでに生命保険に加入している人を対象に、ファクスを利用して保険の無料診断をやりました。「ご家計を見直してみませんか。生命保険も診断しますよ。いろんなメリットがありますよ」と小さな告知広告を出したところ、びっくりするくらいの数の保険証券が集まってきました。

応募してきたのは子どもを抱えた主婦ばかり。地域のフリーペーパーなので、主婦しか読んでいません。1カ月で500件ぐらい来ました。今では考えられないです。

当時は、日本生命とか住友生命とか、大手の生保レディたちがアメを持って営業するのが当たり前でした。だからこそ、やり方を1つ変えるだけで市場を開拓できるチャンスはいくらでもあると思いました。

その500人の個人宅を回ると、みなさんが入っている保険は、10年後には保険料が上がるとか、60歳になったら保障がほとんどなくなるものが多い。だから見直すのは簡単でした。外資は同じ保険金額で、保障内容がもっと充実します。60歳以降も保障が続き、保険料も変わらないとなれば、みんな乗り換えてくれます。

それでどんどん売れて、当時のニコス生命は小さな会社でしたが、ある商品の販売で私は日本一になれたんです。みんなが「お願い営業」をしているなかで、私はちょっとシステマチックにやって、誰もやってない市場を開拓していき、あっという間に売り上げを伸ばしていきました。

私は学生時代から、いつか絶対に独立すると決めていました。4年ぐらい勤めたあと、当時、代理店での独立は前例がなかったんですが、社内で数字をこれだけ作ったら出てもいいよと言われ、それをクリアして独立することができたんです。

でも、その頃は、保険のセールスが嫌でしょうがなかった。当時、こんなことがありました。がん保険に入ってくれた女性のお客さんが、体調が悪くて病院に行ったら、

「胃がんです」と突然告知された。その日は保険に加入して85日目でした。がん保険は、加入後90日以内は不担保といって保険が使えません。あと5日、病院に行くのを遅らせたら使えたのに……。私は「今回は使えません」と、お客さんのところに泣いてお詫びに行った。本当に申し訳ない気持ちでいっぱいでした。

もちろん僕に責任はないのですが、自分が売っている商品が、いざというときに使えないという事態に直面し、こんな商品を売っていていいのかと自問自答しました。

その奥さんは、半年後に亡くなりました。46歳とまだ若かった。もちろん保険が使えないから亡くなられたわけではありませんが、独立したいと手を上げ、最後にそんなこともあって、このまま保険のセールスを続けていていいのかと、モヤモヤしたなかでの独立でした。

隣の芝生がめちゃくちゃ青く見えた

2002年に独立したんですが、その瞬間から、保険とは違うことをやりたいと考えていました。栢野さんの青いカバーの書籍『小さな会社☆儲けのルール』も読みました。確か第二版でした。だから、独立の原則はわかっているつもりだったんですが、実際には、逆をやってしまうんです。

自分がやっていた保険業界には目を向けないで、隣の芝生がめちゃくちゃ青く見えた。ちょうど子どもが生まれて1年ぐらいたったあとでした。

「家内に手伝ってもらいながらやれる仕事が、なんかないかなあ」
「子どもにとって良いビジネスがないかなあ」

などと、新しいビジネスを探そうとしてしまう。

それが失敗の始まりでした。

その時31歳。保険代理店をやりながら、家内と子ども向けの英会話スクールみたいなものをやろうと決めました。今振り返ると、アホでしたね。でも、金の借り方だけはその時にどんどん覚えた。財務諸表も読めるし、こうやったら借りられるという方法も知っていました。3本ぐらい事業を走らせれば1本ぐらいは当たるんじゃないか、と甘く考えていました。

子ども向け英会話スクールは、内外装とかちょっと凝ったりして1500万円を注ぎ込みました。あとはカネをかけて宣伝したら生徒は集まると安直に考えていました。
「素人商売すってんてん」とはこのことですね。

もう1つの事業は、レンタルオフィスの経営です。名古屋市でレンタルオフィスを経営している知人から一緒に事業をやらないかと誘われ、僕は資本家気取りで「わかった。オレがカネを出すから」と言って始めました。

3本の事業を同時に走らせた僕も家内も、一生懸命に働きました。家内はもともと、フィットネスクラブのインストラクターで、教えるのは得意だったので、子ども向け英会話スクールの現場は家内に任せました。

借入金が2000万円を超えギブアップ

スクールの生徒は300人ぐらい集まったんですが、月額家賃が40万円、スタッフ4~5人の人件費や社会保険料もかかり、月謝1万円で月の収入が300万円あっても、全然お金が回らない。

銀行にはまっとうな事業計画書を出し、プレスリリースのやり方も知っていたので、新聞や雑誌にもたくさん取り上げられた。テレビ取材も来てくれたので、「僕は、テレビにもこんなに出ています。これから働く女性も増えるし、絶対に必要な事業なんです!」と銀行にプレゼンテーションしました。

もともと営業マンなので、売り込むスキルはあります。すると銀行の人たちも、そんなに儲かっていないけれど、長期の融資ならなんとかなるだろうと考えて、お金を貸してくれる。だから、どんどん借入金が増えていきました。

するると、レンタルオフィス事業を一緒にやっていたパートナーが、「こっちの事業はほとんど見に来ない。こいつはどうも違うところで金をいっぱい使っている」と感づくわけです。そして、「この事業は俺が買うから、お前はそっちに集中したら？」と言ってきました。

僕も目先の資金繰りのことで頭がいっぱいだったので、レンタルオフィス事業のほうは、設備関係をタダ同然でパートナーに渡して撤退することにしました。今考えると大損でした。元パートナーは今でも、名古屋でレンタルオフィスや貸し会議室をうまくやっています。本当はそこに集中すればよかったのかもしれませんが、自分としてはできなかった。

借入金が2000万円を超えた段階で、「これはまずい。英会話スクールを1回やめよう」と決断しました。まだこの段階なら、お客さんに迷惑をかけることなく、「この日で閉鎖します」と言える。スタッフにも、給与をきちんと払える。事業をやめるなら今だと思い、スタッフや生徒の親に「すみません。今から3カ月後の12月でスクールを終了させていただきます」と頭を下げました。

「えーっ」とみんなから声が上がりました。一見、順調に見えていたビジネスですから、お客さんからも「続けてほしい」と言われたんですが、結局、閉鎖しました。顧客にチケットの返金もして、お客さんに迷惑をかけずに済んだのが救いです。スタッフに退職金は出せませんでしたが。

その時も傍らに栢野さんの青本があり、チラチラと見て、ため息をつきました。

「オレ、真逆をやっているよなあ」

中小企業と屏風は広げすぎると倒れる、という教訓はよく知っているのに、その言葉通りに失敗して撤退したわけです。

残ったのは借金だけ。「これからどうしよう」と困惑しました。

でも、保険代理店のほうは、お客さんとちょぼちょぼ契約があったりして、契約者をフォローしなければならないこともあり、地道に続けていました。

再びサラリーマンに

当時36、37歳で借金2000万円。生活はぎりぎりで、家内と子どもはいったん義父の家に引き取ってもらいましたが、義父はカンカンに怒っていました。

僕は銀行と返済のリスケジュールの交渉をして、毎月の返済額は5万~10万円に減額してもらいました。

そんな時、アリコジャパンから声がかかったんです。新規事業の立ち上げみたいな仕事で、今までの経験を生かし、マネジャーでスカウトをやりながら数字をつくっていってほしいと言われました。借金を抱えていたので、背に腹は代えられません。「よし、じゃあもう一回、やってみよう」と応募して、採用されました。

給料は固定給で月70万円と好条件でした。借金も返せるし、家にも仕送りできます。ただ、条件も厳しく、3カ月ごとにリクルートと自分の組織の数字をつくることができないとクビです。

もう必死です。2年という区切りはあったんですが、とにかく36、37歳はそれをやりきろうと思い、2年間スカウト活動についてはちゃんと期待に応えられたと思います。組織の数字のほうはいま一つでしたが。

僕にはもう自分の会社もある。今は恥ずかしながらサラリーマンに戻ったが、このままサラリーマンで終わるつもりは絶対になかった。だから、もう一回なんとか、浮上するきっかけをつかみたいと思っていました。

外資系生保に戻ったのですが、従来の、自分を売り込んで保険を売る、というやり方は、あまりうまくいきませんでした。何かもっと変わったことをやらなければならない、と思いました。

人生計画セミナーで出直し

そしてもう一度、青本の復習をしつつ、商品・地域・客層を考えようと思い、ランチェスター経営豊橋の山口さんのところで、新たに勉強し直すことにしました。

その時は、1泊2日の人生計画セミナーだったと思います。そこでもう一度、事業として何をやるべきかを考えました。

僕にはたまたま不動産の知識があり、その分野に興味もあった。自分の周りに不動産を持っている人がいたし、アパート・マンションのオーナーさんの悩みにさまざまな解決方法を提案することによって何かビジネスが成立しないだろうか、と考え始めました。不動産鑑定士の知り合いもいて、その方が作っている不動産関連の多職種のチームに加えてもらうこともできました。

まず、アパート・マンションのオーナーさんに顧客を絞り、「その方は相続で悩んでいる」という仮説を立てました。生命保険と相続は相性がいいので、何か提案ができないかと考えました。ところが、これが全然うまくいかない。

顧客の言葉から活路を見いだす

そんな時、あるオーナーさんから、こう言われました。

「お前の言う相続対策が必要なのはわかるんだけど、俺たちはもっと目先のことで困っている。何かといったら、入居者が部屋を壊していくとか、夜逃げをするとか、建物が古くなって水漏れするとか、こんなんでお金がいっぱいかかるんだよ。相続に備えて将来、お金を貯めないといけないことはわかるが、目先のことでお金がたくさん出ていくんだから、貯められるわけがないだろう」

それを聞いてビビッと来ました。

「オーナーは、建物の火災保険に入っていますよね。火災保険でオーナーが今おっしゃったトラブルは、サポートできるはずです」と提案しました。ちょうどその頃、アリコが提携するＡＩＵという損害保険会社の商品も扱えたので、保険約款を全部読んでみたところ、サポートできるんじゃないかと思いました。

そして、オーナーにこう言いました。

「ちょっと保険証券を見せてください。もしかしたら保険で全部カバーできるかもしれません」

保険証券と修繕の見積もりや現況の写真を見て、これは保険金が下りると確信を持ちました。でも、保険申請の書類を書く作業なんて、オーナーさんは面倒くさくてできない。だから、「代わりに僕が申請をサポートします！　もちろん全部無料ですよ」と申し出ました。

そして保険の申請を出したところ、50万～60万円の保険金がすぐに下りたんです。オーナーさんはものすごく喜んでくれて、「お前だったら信用できる」と言って、生命保険に加入してくれました。

それまでは、生命保険を提案しても見向きもされませんでした。「オーナーさんがすでに入っている損害保険で、修繕代金を過去3年までカバーできるかもしれない。その診断と面倒な申請を無料で代行します」と持ちかけると、見向きもしなかった人が身を乗り出して話を聞いてくれるようになりました。

このビジネスは絶対にいける

考えてみたら当たり前です。「保険に入ってください」というのは、こちらに「お金をください」と言っているわけですが、新しい提案は「あなたにお金をあげます」という話ですから（もちろん実際にオーナーにお金を払うのは、保険会社ですが）、喜んでもらえるのは当たり前です。

アパート・マンションオーナーが日々困っている物件の修理やメンテナンスの代金が、普通に入っている損害保険・火災保険でカバーできるかもしれない。その面倒な申請を無料で代行する——。

もう、このビジネスは絶対にいけると思いました。顧客はアパート・マンションのオーナーに絞られている。商品も絞られている。地域はもちろん名古屋市内に絞る。あとは売り方をもうちょっと工夫していけば、絶対、オーナーさんに喜んでもらえるはずです。

ちょうど、アリコの2年契約も終わりを迎えました。当然、固定給がなくなるので、また借金の返済に困るようになるのは目に見えていました。

仮説を検証してみる

新しいビジネスの可能性を感じたんだったら、これで一回走ってみようと思い、リサーチするため、いったん東京に行きました。

東京で不動産オーナーのデータを持っているところはどこかなと考え、オーナーさんがよく使う家賃の滞納保証会社に目を付けました。その会社が生命保険のアドバイザーを求めていたので、外部スタッフとして契約しました。その会社には、オーナーさんのデータがうじゃうじゃありました。

家賃の滞納保証会社の社員は本来、不動産会社回りをするんですが、僕はオーナーさんを直接回りたいと志願しました。200人ぐらいに会ったのですが、大いに手応えがあり、自分の立てた仮説が確信に変わりました。

早速、最初の依頼が来る

再び名古屋に戻り、準備を始めました。今度こそぶれないようにしよう、と決心しました。商品・地域・客層の絞り込みを忠実にやるしかない。

最初に作ったのがA4のチラシです。先ほど、不動産関連の多職種のチームに入れていただいたと言いましたが、メンバーは不動産会社のほか、不動産鑑定士、不動産管理会社、不動産に強い税理士さんがいて、僕は火災保険と生命保険の専門家として加わっていました。

そのチームの忘年会で、修繕代金の保険申請代行のビジネスを始めますとチラシを配ったのですが、不動産会社の社長の反応は薄くて、「火災保険でお金が出ますよって？　ふーん。そう。まあ頑張ってよ」とさらっと流されてしまいました。

ところが、その社長が会社に帰って「こんなのがあるよ」と不動産管理担当者にチラシを渡したところ、「これ、オーナーさんがすごく助かる話ですよ」と反応してくれ、僕のところに話を聞きに来てくれました。

私が「実はアリコの時も、東京にいた時も、こんなふうにオーナーさんに喜んでもらえているんですよ。今までオーナーさんが負担していた修繕費に関して、火災保険で3年以内の支出についてお金が出るんです」と言うと、その担当者は「私が管理している物件がいくつかあるんですが、ちょっと見てもらえませんか」と早速依頼してきました。2010年の年末のことでした。

たった1度で1年分の受注をいただく

そこから、何人かお客さんになっていただけました。そして3月11日に、東日本大震災が起きました。名古屋の物件オーナーさんのなかにも、余震で水漏れが起きたという方がいて、不動産会社の管理担当者から私に「見てもらえませんか」と依頼があり、見に行きました。

そうしたら、水漏れの原因は、地震とは関係なかった。単に給排水管の水漏れで、8階建ての7階から2階まで水が漏れている。オーナー当人は地震が原因だと思っていたが、そうではない。火災保険を使うなら、地震ではない理由で申請しないといけません。

不動産会社さんは実際のところよくわかっていなかったので、それを見越して、「僕にやらせてもらえませんか」という感じで話を持っていったところ、任せてもらえました。まず、地震で被害が出たと申請を上げかけていたのを取り下げ、給排水管の水漏れとして写真を付けて申請したところ、約150万円の保険金が下りました。

そのオーナーさんはとても喜んでくれました。実はその方は、中京圏で子ども服の店をチェーン展開していて、僕に興味を示してくれました。

「今までそんな話は聞いたことがない。君はどんな仕事をしているんだ」

そこで、A4のチラシを見せて、「アパート・マンションの修繕に、火災保険でお金が出ます」という仕事をしていますと説明すると、「今回、150万円もよく取り戻してくれた。ありがとう。保険会社をお前のところに全部変更するよ」と言われたんです。

その数が半端ありません。アパート・マンションが40棟、店舗も60店舗ぐらい。保険料の総額は年5000万円弱。それが一発で決まったんです。その額は、損保代理店の平均年間売上高に相当します。

第二創業期

その社長の会社は、本業がとてもうまくいっていました。本業で黒字がたくさん出るので、減価償却資産が欲しくてたまらない。だからアパートやマンションをどんどん買う。

その方の同級生も紹介していただいたんですが、その人も不動産物件を多数持っていて、保険料の総額で年2000万円ぐらいの契約をしていただきました。さらに、お友達も紹介していただき、事業は軌道に乗りました。

スタッフもパートさんを雇用し、会社としての態勢を整えました。再スタートです。

その後、東北地方に複数の物件を持っているオーナーから相談を受けました。その方は地震保険に入っていたのですが、保険会社からは、鉄筋コンクリートの建物は地震に強く、通常はほとんど壊れないので保険金は出ません、と言われていました。オーナーさんにしてみれば、これだけ大きく揺れて、建物が損傷しているのに保険金が出ないのは納得がいかない。

私は紹介を受け、現地に行きました。確かに、建物をよく見るとひび（クラック）が入っている。オーナーさんが加入している保険を調べたら、クラックは補償の対象になることがわかった。そこで、代わりに申請してあげました。予想通り保険金は下り、なかには950万円も出た案件がありました。それまで保険金はゼロと言われていた物件で、次々と保険金が下りたんです。

商品は手作り・面倒くさい系

保険の申請には、オーナーが指定する修繕業者さんからの見積もりが必要です。オーナーは、安く直したいけれど、保険会社からは保険金をたくさんもらいたいと思う。しかし、保険会社としても、保険金を出せる項目と出せない項目が決まっています。修繕業者さんには、オーナーが喜び、なおかつ保険会社からお金が出やすい見積書の書き方を伝えます。この交渉が大変です。

例えば、「水漏れ工事一式」と書いても保険金は出ません。ところが、修繕業界では「○○工事一式」とするのが普通です。そこで、見積額を細目に分けるよう指導します。給排水管の修理費、天井の修復費用、壁クロスの張り替え費用、床の補修費、外壁の補修費という具合に、項目ごとに修繕内容と金額を全部書いてもらうようにします。この項目は保険金が出るけれど、こっちは出ないというふうに、保険の申請は細かいものなんです。

だからこの仕事は手間や時間がかかるし、面倒です。保険会社も嫌がるし、オーナーも修繕業者も、担当の保険代理店もやりたがらない。まさに弱者の商品戦略にぴったりで、ライバルが少ない。

客層はアパート・マンションオーナーに絞る

東北や東京、大阪にもお客さんはいますが、原則として地域は名古屋を核とした中京圏に絞り、客層はアパート・マンションのオーナーさんだけ。件数が稼げる車の保険は一切やりません。営業方法は、最初はA４判のチラシ1枚でしたが、最近はアパートオーナーの会やアパマンフェアなどのイベントで講師として呼ばれることが増え、そこでの講演が集客の大きな力になっています。

僕はしゃべるのが好きだし、営業で売り込むのとは違って、講師役で行くと聴講者は話を聞きたくてやってくるので優位な立場に立てます。そして、セミナーで話をすると、「物件の修繕費が火災保険でカバーできるなんて聞いたことがない」と驚かれます。そのあとで、お問い合わせをいただき、まずは、過去3年以内の物件修繕で、オーナーさんが自費で払ったものをチェックし、今入っている損害保険を使って申請します。

これは完全成功報酬制です。保険が下りたら、一定割合の手数料（金額に応じて10〜30%）をいただく。消費者金融の過払い請求の返金手続きと同じで、お客さんにはリスクがありません。ただ、こうした申請手続きは保険代理店として行ってはいけないので、子会社の不動産管理会社で行います。

すると、過去3年以内の修繕費がちゃんと出てきます。もちろん、不正申請はしません。お客さんに最初から保険を売る必要はないので、お互いに気楽です。

オーナーさんのほとんどは火災保険なんて使ったことがありません。使ってみて初めて、火災保険でお金が出たんだとわかり、とても感謝されます。そして、次はお前のところで保険に入るよと、ほぼ100%なります。

「過去に入っていた火災保険の補償の範囲はこれだけですが、加入当時よりも今は持っている資産額が大きいですし、建物が古くなるほどトラブルも増えるので、それに対応できるように保険を見直しましょう」と勧めると、オーナーのみなさんは保険を変えてくれます。

「ガラ空き」のブルーオーシャン市場

世間でいう火災保険は、不動産会社か損保代理店しか取り扱っていません。みんながばかにする商品なんですよ。「火災保険の保険料なんて、年間2万～3万円ぐらいで、そんなのやっていて大変じゃないの」と不動産屋さんは言います。損保代理店も、「保険取り扱い業務のほとんどは自動車保険で、車のほうが毎年保険料をもらえるし更新もある。火災保険なんて面倒」とみながロをそろえます。

みんながばかにする商品だからこそ、これがまさにシンデレラ商品だったんです。生命保険業界は強者《つわもの》がすごく多く、競争が激しい。それに比べると、損保代理店は、いまだに町の保険屋さんみたいな、のんびりした人が多い。だから、勝負をする業界・商品として間違っていないと思いました。

もう一度、私のビジネスを整理してみます。

・商品は火災保険に特化
・地域はまず名古屋市内
・客層はアパート・マンションオーナー
・営業方法はセミナー集客中心に、無視されている火災保険の見直しをする

実は、部屋を借りるテナントと違い、建物自体の火災保険は2万～3万円ではあり

ません。建物の建設時には火災保険をつけますが、最初に建てた時のデベロッパーが、プランも何もなく一番安いものを用意していて、オーナーのみなさんは1棟100万~150万円の保険料を払い、5年ぐらいで更新していく、というケースが多い。

建物の火災保険を扱っているのは、最初に建てた時のデベロッパーか、融資をした銀行のどちらかですが、銀行さんは担当者がしょっちゅう変わるし、デベロッパーさんは建てたら終わりですから、建物の火災保険をメンテナンスしている人は誰もいません。ガラ空きの市場だったのです。

物件を建てたり、買ったりした時以来、火災保険を見ていないというオーナーさんは多い。しかも、1棟あたりのグロスの保険料は年100万~150万円ぐらい。さらにアパート・マンションのオーナーさんは資産家で、一人がだいたい3~5棟所有している。すると1人あたりの保険料は年300万~500万円くらいになります。

やっと気づいたのですが、世の中のビル・マンション・アパートにそれぞれオーナーさんがいるということは、相当な数のオーナーさんがいるはずです。でも一般には、どこにいるのかまったく見えない。

だから、オーナーさんがどこにいるのかさえわかれば、商品はオンリーワンで強力なライバルもいないので、ニッチ分野で高いシェアを取れる可能性があります。

実際、やり始めたらお客さんがどんどん増えて、申請代行による手数料が入り、保険の見直しにも応じていただける。これはいける、このビジネスをやりきろうとギアチェンジしました。

個人経営から組織化へ

ランチェスター経営豊橋の人生計画セミナーでお世話になった時、代表の山口高弘さんからも、「商品はピカ一だよ。このビジネスは絶対に大丈夫だから」と言われました。ありがたいと思ったのですが、当時はまだ案件が少なく、会社を組織化して事業を拡大する考えが、自分の頭の中にはありませんでした。

しかし、お客さんにこれだけ喜ばれ、市場がガラ空きであることを考えたら、組織化してチャレンジしたいと思うようになったんです。

パートさん3人からスタートしたんですが、途中から、これはアクセルを踏めば絶対にうまくいくと思い、「みんな正社員になってください」とお願いしました。当社のナンバー2の高山は、最初テレアポのパートとして入ってきたんですが、本当によくやってくれています。

しかし、パートさんには扶養控除の問題があり、結局、全員やめてもらうことになりました。外部委託していた営業マンもいましたが、損保業界には中途半端に緩く仕事をしたい人が多く、そちらも打ち切りました。結局、僕と高山の2人だけになりました。

そんな時、ちょうどお会いできたのが、日報コンサルタントとして知られているエール・コンサルティングの麻井克幸さんだったんです。栢野さんのフェイスブックで紹介された経歴を見て、すごい30歳が名古屋にいるなと思いました。IT系完全実力主義の営業会社で、専務として数人の会社を250人にした経験があると知り、ピンと来ました。僕は十数人ぐらいまでしか経験がない。麻井さんにぜひサポートしてほしいとお願いし、「徹底的にやりましょう!」と快諾していただきました。

涙を流す社員

そして、会社を個人経営から組織化するためのトレーニングを始めました。

今、若い人を次々と採用していますが、彼らのなかには「人に対していいことをしたい」と本気で思っている純粋な子が多いんです。

当社はインセンティブ制で給料は結構いいはずなんですが、彼らにとってそれ以上に大事なのが「誰が自分を成長させてくれるのか」ということです。「経営者の私に、自分をちゃんと見ていてほしい」と本気で、時には涙を流して語るんですよ。それを見た時、これは中途半端じゃいかんなと思い、「火災保険を通じて、アパート・マンションオーナーの豊かな生活をサポートします！」という経営理念をしっかりと打ち立て、それを実現するための行動指針を作っていきました。以前から朝礼はやっていましたが、とても緩い感じでした。それを改め、経営理念や行動指針をみんなで読むようにしたところ、雰囲気はビックリするぐらい変わりました。

経営の軸は、竹田式ランチェスター「弱者の戦略」が基本です。以前、小さな所帯なのにその逆のことをやって失敗したことも、しっかりと社員に伝えています。

僕は今でも成功しているとは思っていません。自分の失敗に対してリベンジし、祖父の代で成功し、二代目で失敗した親父の分もリベンジしたい。自分にかかわってくれる人たちには本当に感謝しているし、みんなをとにかく幸せにしたいと本気で思っています。

3年で売り上げ10倍超の5億円に

ランチェスター経営豊橋で勉強してよくわかったんですけど、階段理論がとても重要です。

まず入り口として、過去3年間の建物修繕を診断し、保険金申請のお手伝いをする。次のステップが火災保険の見直し。そのあとは、オーナーさんは資産家で相続対策が必要ですから、生命保険のプランを勧めて加入してもらう。さらに、オーナーさんが亡くなると相続が発生し、建物や不動産の売買が生じます。

つまり、アパート修繕の保険申請のお手伝いから始まって、火災保険、生命保険、相続、不動産売買という流れ（階段）ができているんです。

1年目の売上高が4000万円、2年目が8000万円弱。そして3年目は5億円。顧客はアパート・マンションオーナーさん以外やらないと決めた瞬間から、その階段が見えてきました。このマーケットで、シェア1位を取ろうと決めています。

今、東京海上日動火災保険の代理店のなかで日本一のところの年間売上高が25億円ぐらいです。とにかく日本一をとろう、年間30億円やろう、絶対やろうと旗印を掲げています。自分たちが扱っているのは間違いなく必要な商品であり、建物オーナーさんはみんな困っていますから、売上高30億円までいったら、いろんな商品が勝手に売れていくようになると思います。

僕の今の仕事は、もちろん商品も売りますが、社員の育成に力を注いでいます。

「社長！　将来何やるんですか？　教えてくださいよ！」という声が社員から出てく

るんで、「よし、朝、勉強会やろう！　将来はみんなに社長になってほしいんだ。みんなが成長するのをサポートするのがオレの仕事だ！」と言っています。

小沢社長の話、いかがでしたか。

やはり、優れた営業というのは、本業の商品を全然売っていないですね。これは基本とも言えますが、顧客が抱えている困り事の解決のお手伝い、これが回り道に見えて一番の近道であることがよくわかりました。

そして、仕事はどれも面倒。現場確認、申請書類への記入、見積もりに関して修繕会社と交渉、写真をそろえるなど、一見割に合わないように見える。だから、誰も気づかなかったわけです。そのヒントは、お客さんの声のなかにありました。

第8章

夢の実現

私は毎週、朝6時半からの早朝勉強会に参加しています。その会場は「やずや」。酢や青汁・雑穀米などの通信販売会社で、健康食品では業界トップクラスです。しかし、創業者の矢頭宣男さんは転職を繰り返し、30歳で独立後も贈答品、健康食品、結婚式司会業など、何度も商売を替えては失敗を繰り返しました。ところが、44歳の時に参加した「経営計画セミナー」が大きな転機になりました。

その時、矢頭さんは、個人の「人生計画書」と会社の「経営計画書」を手書きで一枚ずつ作成し、社内外に夢と目標を宣言しました。当時年商6000万円（借金2000万円、社員2名）でしたが、1年後の目標は2億円に設定。一気に3倍なんて普通はあり得ない話ですが、結果は1億8000万円でした。それから、倍々ゲームで成長を重ね、あっという間に300億円を超えました。私は、やずやが年商10億円台の頃に出入りし始め、その奇跡の軌跡を間近で見てきました。

平成	西暦	父 3/10	母 4/7	由美子（5/9）		徹（5/10）		真利子（9/12）		宣男 3/27	美千子 7/9		―― 私たち夫婦の夢 ――	内	外
7	1995	89	84	23	退職（7月）	21	大学2年	14		51	47	20周年	ビル用地（120坪）買う。幹部養成	6	1
8	1996	90	85	24	他社で勤務・見識を広げる	22	留学	15		52	48	父、母葬 銀婚式	事業確立 ビル完成（400坪） 新商品ヒット 幹部養成	6	1
9	1997	91	86	25	[illegible]	23	大学3年	16	高校入学	53	49		（60%の力） やずや売上ピーク（100億）	6	1
10	1998	92	87	26	結婚（夫30才） 夫やずや入社	24	大学4年	17		54	50	由美子(株)入社	・売上安定	5	3
11	1999	93	88	27	第1子（夫31才）	25	卒業・就職	18		55	51			5	4
12	2000	94	89	28		26	他社で勤務	19	専門学校入学	56	52	25周年	由美子(株)育てる　売上自然増!!	4	5
13	2001	95	90	29	第2子（夫33才）	27		20		57	53		①無理をしない。	4	6
14	2002	96	91	30		28	結婚（妻24才）	21	卒業・就職	58	54		②人に任せる経営	4	7
15	2003	97	92	31	第3子（夫35才） 夫 独立（会社長）	29	第1子（妻25才）	22		59	55	由美子(株)独立	③幹部を育てる。	4	9
16	2004	98	93	32		30	やずや入社	23	結婚（夫27才）	60	56	宣男 還暦 徹 入社	④分社化をすすめる。	4	10
17	2005	99	94	33	①小入学	31	第2子（妻27才）	24	第1子（夫28才）	61	57	30周年	⑤有難く御輿《みこし》に	4	12
18	2006	100	95	34		32		25		62	58		徹育てる　乗せていただく。	4	12
19	2007	101	96	35	②小入学	33	第3子（妻29才）	26	第2子（夫30才） 夫やずや入社	63	59	真利子(株)入社	⑥尊敬される人に	4	14
20	2008	102	97	36		34		27		64	60	美千子 還暦	なる。	4	14
21	2009	103	98	37	③小入学	35	独立（会社長） ①小入学	28	第3子（夫32才）	65	61	徹 独立	真利子(株)育てる。会長、副会長に。	4	15
22	2010	104	99	38		36		29		66	62	35周年		4	15
23	2011	105	100	39	①中入学	37	②小入学	30	①小入学	67	63			4	15
24	2012	106	101	40		38		31	夫35才 独立（会社長）	68	64	真利子(株)独立		4	15
25	2013	107	102	41	②中入学	39	③小入学	32	②小入学	69	65			4	15
26	2014	108	103	42	①高入学	40		33		70	66		次ぎの人生（65才、61才）スタート!!	4	15
27	2015	109	104	43	③中入学	41	①中入学	34	③小入学	71	67	40周年	①まだ17年もある。	4	15
28	2016	110	105	44	②高入学	42		35		72	68		②講演活動で全国をまわる。	4	15
29	2017	111	106	45	①大学入学	43	②中入学	36	①中入学	73	69		③本を書く（体験談）。	4	15
30	2018	112	107	46	③高入学	44	①高入学	37		74	70		④人にチャンスを与える。	4	15
31	2019	113	108	47	②大学入学	45	③中入学	38	②中入学	75	71		（社員や孫たちに…）	4	15
32	2020	114	109	48		46	②高入学	39	①高入学	76	72	45周年	⑤夫婦で日本全国、世界を旅行	4	15
33	2021	115	110	49	①就職 ③大学入学	47	①大学入学	40	③中入学	77	73	宣男 喜寿 金婚式	し、ビジネスチャンスを探す。	4	15
34	2022	116	111	50		48	③高入学	41	②高入学	78	74		そして人に教えてあげる。	4	15
35	2023	117	112	51	②就職	49	②大学入学	42	①大学入学	79	75		⑥健康に注意し、元気で長生き	4	15
36	2024	118	113	52		50		43	③高入学	80	76		をする。	4	15
37	2025	119	114	53	③就職（夫57才）	51	①就職 ③大学入学	44	②大学入学	81	77	美千子 喜寿 50周年	⑦いつまでも夫婦仲良く…。	4	15
38	2026	120	115	54		52		45		82	78	87才と8ヶ月（宣男）		4	15
39	2027	121	116	55		53	②就職	46	①就職 ③大学入学	83	79				
40	2028	122	117	56		54		47		84	80				
41	2029	123	118	57		55	③就職	48	②就職	85	81				
42	2030	124	119	58		56		49		86	82	87才と8ヶ月（美千子） 55周年			
43	2031	125	120	59		57		50	③就職	87	83		おまけの人生!!		
44	2032	126	121	60		58		51		88	84	宣男 米寿			
45	2033	127	122	61		59		52		89	85				
46	2034	128	123	62		60		53		90	86	宣男 卒寿			
47	2035	129	124	63		61		54		91	87	60周年			
48	2036	130	125	64		62		55		92	88	美千子 米寿			

平成7年（1995）作成
宣男

やずや創業者の手書きによる、自分と家族の「人生計画書」

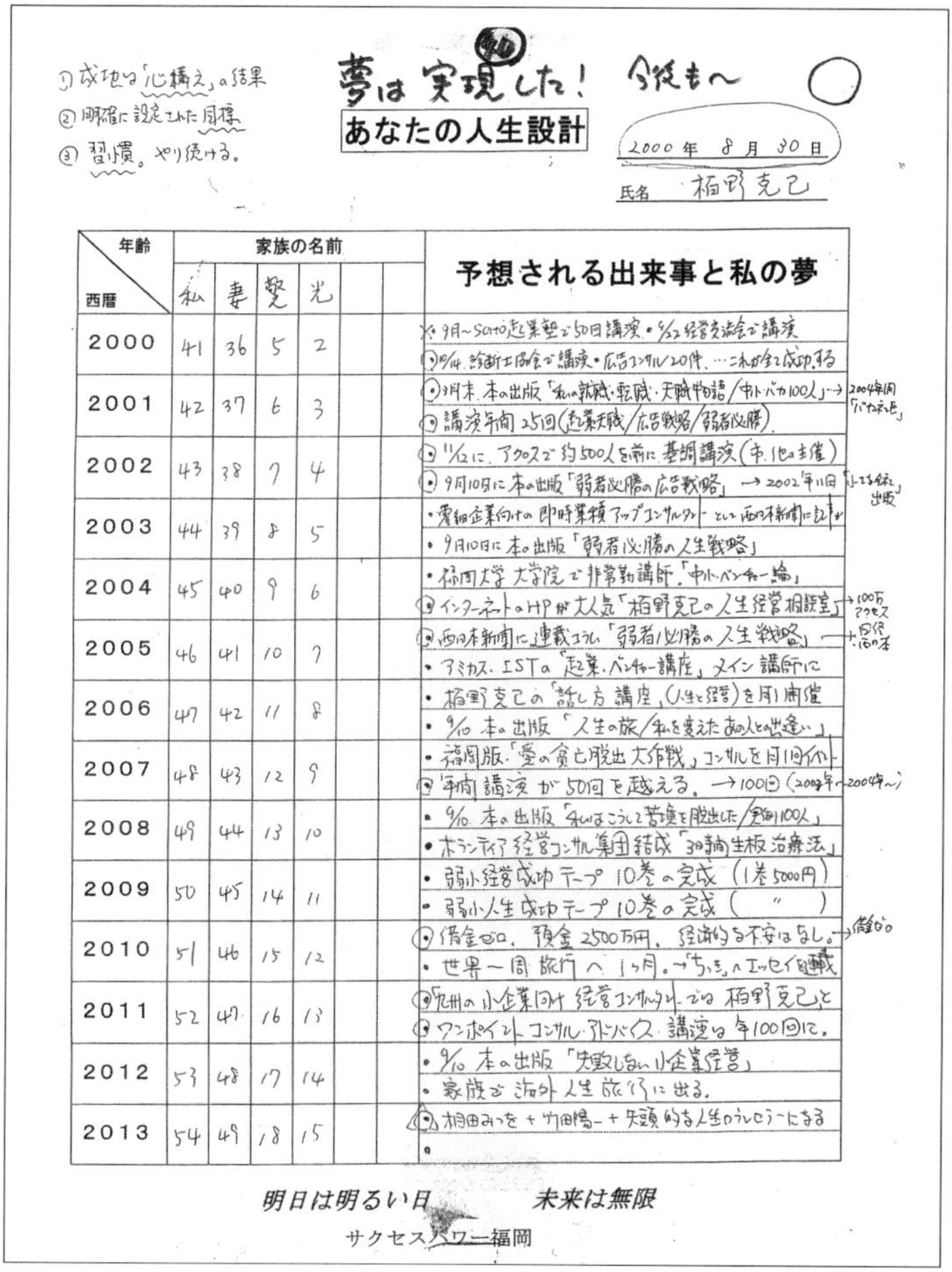

①成功は「心構え」の結果
②明確に設定された目標
③習慣。やり続ける。

夢は実現した！ 今後も〜

あなたの人生設計

2000年 8月 30日

氏名 栢野克己

年齢 / 西暦	私	妻	覚	光			予想される出来事と私の夢
2000	41	36	5	2			・9月〜SOHO起業塾で50回講演・8/22経営交流会で講演 ・10/14 診断士協会で講演・広告コンサル20件、…これが全て成功する
2001	42	37	6	3			・3月末 本の出版「私の就職・転職・天職物語／中小・バカ100人」→2004年刊「バカ社長」 ・講演年間25回（起業天職／広告戦略／弱者必勝）
2002	43	38	7	4			・11/12に アクロスで約500人を前に基調講演（市、他の主催） ・9月10日に本の出版「弱者必勝の広告戦略」→2002年11月「小さな会社」出版
2003	44	39	8	5			・零細企業向けの即時業績アップコンサルタントとして西日本新聞に記事が ・9月10日に本の出版「弱者必勝の人生戦略」
2004	45	40	9	6			・福岡大学大学院で非常勤講師「中小・ベンチャー論」 ・インターネットのHPが大人気「栢野克己の人生経営相談室」→100万アクセス
2005	46	41	10	7			・西日本新聞に連載コラム「弱者必勝の人生戦略」→目経・他の本 ・アミカス、ISTの「起業、ベンチャー講座」メイン講師に
2006	47	42	11	8			・栢野克己の「話し方講座」（人生と経営）を月1開催 ・9/10 本の出版「人生の旅／私を変えたあの人との出逢い」
2007	48	43	12	9			・福岡版「愛の貧乏脱出大作戦」コンサルを月1回位 ・年間講演が50回を越える。→100回（2003年〜2004年〜）
2008	49	44	13	10			・9/10 本の出版「私はこうして苦境を脱出した／実例100人」 ・ボランティア経営コンサル集団結成「3日間生板治療法」
2009	50	45	14	11			・弱小経営成功テープ10巻の完成（1巻5000円） ・弱小人生成功テープ10巻の完成（　〃　）
2010	51	46	15	12			・借金ゼロ。預金2500万円。経済的な不安はなし。→借金ゼロ ・世界一周旅行へ1ヵ月。→「ちくご」へエッセイ連載
2011	52	47	16	13			・「九州の小企業向け経営コンサルタント」では栢野克己と ・ワンポイントコンサル・アドバイス 講演は年100回に。
2012	53	48	17	14			・9/10 本の出版「失敗しない小企業経営」 ・家族で海外人生旅行に出る。
2013	54	49	18	15			・相田みつを＋竹田陽一＋矢頭的な人生のフレセラーになる ・

明日は明るい日　　未来は無限

サクセスパワー福岡

私が2000年に作成した人生設計シート　　　　(出典)サクセスパワー福岡

やずやの矢頭美世子会長は「経営計画書は、魔法の書よ。でも、ほとんどの人は書かない。まずは1枚、書くといいのに」と言っています。

私、栢野も2000年に、今後、10年間で、こんなことをやっていきたいという1枚の夢・人生設計シートを書きました。当時はほとんどうつ状態で売り上げも最低でした。100円の菓子パンを3つに分けて冷蔵庫に入れ、1日3分の1つずつ食べていました。そんな時に、無理やり書いた1枚の夢とホラ。これが私にとっても、小さな奇跡を起こすきっかけになりました。

その中の印象深いものが次の5つです。

①2000年に「SOHO 起業塾で50回講演する」と書いていますね。これはすでに決定済みの仕事で、発注元は職業安定所でした。当時は手元に原稿がないとしゃべれませんでしたが、事務所で必死に練習しました。毎回、非常に緊張し、まさに冷や汗を流していました。原稿以外のアドリブはなく、講義は明らかにつまらなかった。その証拠に参加者が毎回激減。ノイローゼになって、7回目で辞めてしまいました。

②2001年に本の出版『私の就職・転職・天職物語』とあります。実際には出版の話もなく、苦しまぎれに書いたんですが、2004年に『逆転バカ社長』の出版を実現しました。これは私が主催する勉強会「九州ベンチャー大学」に招へいしたゲスト社長24人の人生を書いた本です。最初は福岡の地場で出版し、その後に新書版で全国発売になりました。当時の本業である広告代理業の合間に執筆し、1冊分の原稿が完成したのが4年後。約40社の出版社に送って決まりました。

③2001年「講演年間25回」。当時は、原稿を棒読みするだけの講演を月に1回くらいやっている程度。毎回、1週間前から緊張で動悸がしていました。ところが講演50回目くらいの時、今日は講演料も安いし、好き勝手にしゃべらせてもらおうと、原稿なしのアドリブ講演にチャレンジしました。これが意外や、言葉が次々に降ってくるじゃないですか。途中から自分の話に酔ってハイになり、ゾーンに入った無意識状態になりました。この2年後から、年間100回前後の講演をするようになりました。

④2002年の夢として本の出版『弱者必勝の広告戦略』と書いていますが、これが2002年11月に師匠・竹田陽一との共著『小さな会社☆儲けのルール』として実現。

当初は出版社から竹田陽一に執筆依頼があったのですが、初心者向けの経営本は書かないと拒否。その話が1年半後に、私がゴーストライターとして執筆することになり、結果は共著で出版。私も周囲も売れるとは思っていませんでしたが、まさかの10万部突破のベストセラーになり、驚きました。

⑤2012年「家族で海外人生旅行に出る」。これも驚きました。上から書いてだんだん書くことがなくなったので、適当に書いていたことです。ところが2006年から2007年にかけて1年間、家族で世界一周旅行に行きました。福岡県西方沖地震や友人の死で「人生は一度。死ぬ前にやりたいことは?」と自問自答し決行したのですが、その6年も前に、夢リストに書いていたことは完璧に忘れていました。

やずやの年商300億円に比べると微々たる趣味レベルですが、まさか本の執筆と講演が天職になるとは思いませんでした。夢には書いていましたが、正直、私には無理だろうと。ましてや世界一周なんて、書いたことも忘れていました。私も周囲も驚きましたね。

もちろん、書いただけで夢が叶うはずがない。PDCA(計画・実行・検証・改善）を繰り返して努力することが必須ですが、最初の一歩はホラや夢を書いてみることから始めると前に進みやすくなります。仕事・趣味・家庭など、なんでもいいから想うことを書いてみる。

もちろん、書いたことが全部叶うわけではありません。

やずやの現会長も夢リストを書くのが大好きですが、「ダイエット10キロ減」は10年以上叶っていません（笑）。会社の新規事業や新商品も、たぶん9割は失敗でしょう。夢や冒険やチャレンジはそんなもんです。しかし、人生は一度。自分や自社の許容範囲で、夢の自己実現にトライしたいですね。

次ページに、やずやが考案した夢の質問シートを載せました。順番に答えていくと、最後にあなたの夢が見つかります。子どものように、素直な気持ちで書いてみてください。

1枚の経営計画書

個人は人生計画書ですが、会社の場合は経営計画書になりますよね。中堅以上の大会社は１００％経営計画書を作っています。ところが中小零細企業になると1割も作

夢を持っている人を1人でも多くつくるためのウェブサイト。
夢と生きるプロジェクト
LIFE WITH DREAM.

夢を導き出す30の質問。

WHAT'S YOUR DREAM?

「あなたの夢は何ですか？」
いきなり、聴かれてもすぐに答えられない人はきっと多い。
そこで、私たちは「夢を導きだす30の質問」を創りました。
自分に、大切な人に、質問をしてみてください。きっと、大切な「夢」が見つかります。

Q1. 今一番どこに行きたいですか？

Q2. 今一番欲しいものは何ですか？

Q3. 今、何をしている時が一番楽しいですか？

Q4. 今一番会いたい人は誰ですか？

Q5. 小学校の時になりたかった職業は？

Q6. 学生時代に最も熱中したことは何ですか？

Q7. 生まれかわったらどんな職業に就きたいですか？

Q8. 憧れの人物をあげてください。

Q9. つい買ってしまう本のジャンルは？

Q10. 家族・友人・お金・地位・名誉を大切な順に並べてください。

Q11. 一日があと1時間だけ長くなるとしたら、どんな風に過ごしますか？

Q12. 何か、人に習ってみたいことは何ですか？

Q13. 「自分にこんな能力があったら…」と思ったことはありますか？

Q14. これまでの人生で何かを諦めた経験を教えてください。

Q15. 最も長く続けていることは何ですか？

Q16. 一番大切な人は誰ですか？

Q17. その人に何かを残したいですか？

Q18. その人にしてあげたいことはなんですか？

Q19. 解決したい悩み事はありますか？

Q20. 本当はやりたいのに、どうあがいても自分には出来ないことがありますか？

Q21. 死ぬまでに「これだけはやっておきたい」ことはなんですか？

Q22. 今日が地球最後の日だとわかったら何をしますか？

Q23. 葬儀の日、参列した人はあなたのことを、「どんな人だった」と言っているでしょうか？

Q24. 家族に言っておきたいことはありますか？

Q25. 他人からどんな人だと思われたいですか？

Q26. 自由に出来る一千万円があったら何に使いますか？

Q27. 人生において一番の宝物は何ですか？

Q28. やり残しているな、と思うことはありますか？

Q29. 人生最良の日を教えてください。

Q30. ところで、あなたの夢はなんですか？

っていないということが、中小企業白書に載っていました。アンケート上では、将来の夢、計画を立てている人は1割弱で、9割はその日暮らしなんですね。

私も、この夢、目標、経営計画を書き始めたのは2000年からです。営業マン時代に売上目標や行動予定は書きましたが、人生とか会社の経営計画なんて考えたこともありませんでした。起業後、経営や自己啓発の勉強会で何度か経営計画書が重要だという話を聞きましたが、いつも目先の仕事や雑事に追われて日々に流され、将来はおろか1年後の計画もない状態が続いていた。結果、何かあると「景気が悪い」「政策が悪い」「この場所が悪い」「最近の客はダメだ」と、自分がダメな原因を外部環境や他人のせいにしていました。

日本の会社は99％が中小企業で、さらにその大半は10人以下の小企業や個人事業者です。「経営計画？　俺の頭の中にあるから必要ない」と思われるかもしれませんが、形にするメリットはあります。

経営計画書という形にすると、社長の考えが社員にも伝わりやすくなる。サラリーマンは会社（＝社長）に従うのが原則ですから、「社長は、こんなふうにしたいんだな」と、社員や取引先も協力しやすくなります。やずやでは、毎日の朝礼で経営計画書を1ページずつ読み上げています。数字や戦略ばかりの計画書では夢がないですから、会社の理念や使命、価値観やクレド（信条）を言葉にするのもいいですね。

わずか5年で愛知県ナンバーワンになった損保代理店の小沢さんは、社員8名の時、コンサルタントの麻井さんから経営理念の作成を勧められました。「うちは弱小だし、そんなきれい事を唱えても仕方ない」と思ったそうですが、アドバイスに従い、「私たちはアパート・マンションオーナーのお役立ち日本一！」など5カ条を作って朝礼で唱和すると、なかには感動して泣き出す社員も出て、結束が強まったそうです。福岡県の地場飲食チェーン「ONOグループ」も、名刺見開きサイズで作成したクレドを全社員が携帯し、朝礼で唱和しています。

最初から何十ページもの、かっこいい経営計画書やクレドを作ろうとする必要はありません。やずやでさえ、最初は1ページでした。しかも創業して14年もたってからです。経営計画書作りに熱心な中小企業家同友会でさえ、実際に作成している会員企業は推定1割前後です。その現状を知ったやずや創業者は、まずは1ページの人生計画書、経営計画書を作成しましょうと「ワンシート運動」を提唱しました。次ページ以降は私の見本です。さまざまな勉強会からパクりました（笑）。

まずは、夢・目標リスト。実現可能性を考えず、自由に夢やホラや願望を書き出してみてください。

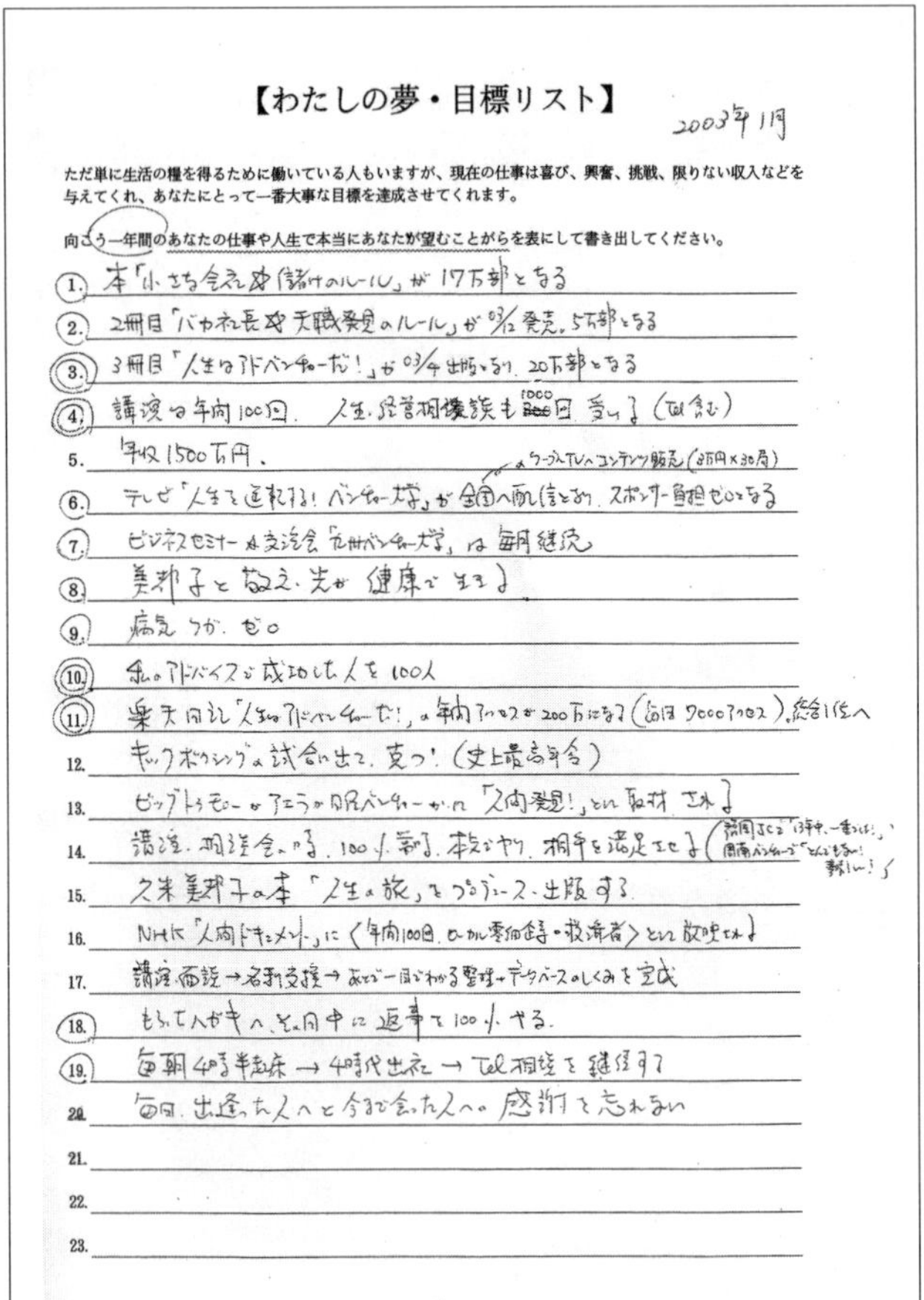
【わたしの夢・目標リスト】

2003年1月

ただ単に生活の糧を得るために働いている人もいますが、現在の仕事は喜び、興奮、挑戦、限りない収入などを与えてくれ、あなたにとって一番大事な目標を達成させてくれます。

向こう一年間のあなたの仕事や人生で本当にあなたが望むことがらを表にして書き出してください。

1. 本「小さな会社☆儲けのルール」が17万部となる
2. 2冊目「バカ社長☆天職発見のルール」が03/2発売。5万部となる
3. 3冊目「人生はアドベンチャーだ！」が03/4出版となり、20万部となる
4. 講演は年間100回。人生・経営相談も1000回受ける（Tel含む）
5. 年収1500万円。
6. テレビ「人生を逆転する！ベンチャー大学」が全国へ配信となり、スポンサー負担ゼロとなる（ケーブルTVへコンテンツ販売（8万円×30局））
7. ビジネスセミナー＆交流会「九州ベンチャー大学」は毎月継続
8. 美和子と敬之・光が健康で生きる
9. 病気・ケガ、ゼロ
10. 私のアドバイスで成功した人を100人
11. 楽天日記「人生はアドベンチャーだ！」の年間アクセスが200万になる（1日は7000アクセス）。総合1位へ
12. キックボクシングの試合に出て、勝つ！（史上最高年令）
13. ビッグトゥモローかアエラか日経ベンチャーから「人間発見！」として取材される
14. 講演、相談会へ来る100％の人の本気でやり、相手を満足させる
15. 久米美和子の本「人生の旅」をプロデュース、出版する
16. NHK「人間ドキュメント」に〈年間100回、ローカル零細企業の救済者〉として放映される
17. 講演・面談→名刺交換→あとで一目でわかる整理→データベースのしくみを完成
18. もらった人がきっと、その日中に返事を100％やる。
19. 毎朝4時半起床→4時代出社→Tel相談を継続する
20. 毎日、出逢った人へと今まで会った人への感謝を忘れない
21.
22.
23.

（出典）サクセスパワー福岡

次は、人生計画書。これは仕事・趣味・家庭など、1年後に達成したい項目を記入します。

２００８年　夢・目標　インタークロス　栢野克己

電話092-781-5252 FAX092-781-5354 090-3604-6735　九州ベンチャー大学　平成20年２月９日改訂

★トータルパーソン：イメージ目標

「私は接近戦日本一の、小さな会社☆天職起業☆人生逆転コンサル・講演家！」

★経営理念・使命・天命・ミッション（自分ができること＋社会の役に立つこと）

「本・講演・勉強会を通じ、本気！正直！感謝！の起業人を１万人輩出する」

目標設定	約束手形	達成期日
■仕事面：仕事にありがとう！縁にありがとう！		
・本「人生は逆転できる！」を出版100万部！2010年まで		2008年05/30
・講演を年間１００回（人生系50・経営系50）		2008年12/31
・「小さな会社★儲けのルール」が20万部突破		2008年12/31
・「逆転バカ社長」文庫版・全国版の実現		2008年11/12
・「九州ベンチャー大学」「経営人生計画」毎月実施		2008年01月～
・ＤＶＤ・ＣＤのネット販売毎月100万円		2008年03月～
・妻と子どもの絵本「それゆけ小学生★ボクらの世界一周」出版実現		2008年03/20
・次作の出版依頼を獲得する		2008年02月
■経済面：お金にありがとう！		毎日
・個人年収1000万円の復活・維持→月200万円の粗利→月に講演20万円×10＋α		
・無駄使いを一切しない		
・お金への感謝を忘れないこと		
■社会生活面：世の中にありがとう！		毎日
・朝５時までに起き、５時台に出社		
・毎朝の掃除（会社・歩道・トイレ）		
・大勢より個別の面談を優先大事にする		
・出入り業者・来客・タバコ屋・管理人のおばさんにプレゼント（土産物・他）		
■精神面：自分と相手にありがとう！		毎日
・ありがとうございます！を声に出す		
・ありがとうございます！と言われる行動をする		
・受けた恩は忘れるな　施した恩は水に流せ		
・全ては人生の糧。マイナスも100％プラスへ転化		
■教養面：本や勉強会や会う人にありがとう！		毎日
・本を毎週１冊読破		
・ブログ日記を毎日書く		
・アナログでの面会を大事に		
■健康面：体に神様にありがとう！		毎日
・早起き・笑顔・ありがとう！		
・腕立て伏せを毎日朝50回＋昼50回＋夜50回		
・食事は腹八分目		
・スナック菓子を減らす		
・歩く		
・タバコを減煙		
■家庭生活面：家族とご先祖様にありがとう！		毎日
・毎日、皿洗いをする、妻のマッサージをする		
・毎日、仏壇の掃除＋水換えをやる		
・毎日、ありがとう！をミコさんと敬之と光と親先祖へ言う		
・毎日、どこかの掃除をする、ゴミを拾う		
・毎週、おみやげを持って帰る		
■番外：妻へ		毎日
・毎日「ありがとう」を１０回以上「心から」言う。		

「私は文章＋講演＋人生相談ができる、日本一の零細起業講演家」

続いて、仕事のみの経営戦略。商品や営業の重点目標を書きます。

経営戦略

★全体目標・決意（１年後の年収・粗利・売上・その他、極力数値で現せるもの）

■2008年３月末までに年収1000万円（＝毎月粗利200万円）体制
■本を３冊だし、計100万部を越える！
■「小さな会社の経営＋人生系講演家なら栢野克己」と言われるようになる。

①商品戦略／私の天職・深く穴を掘るべき分野・中心と幅
・講演：地方の商工会議所・商工会・ＪＣ他。普段勉強してない小企業経営者
・本：小起業家向けの「人生逆転」「弱者の戦略」
・勉強会：毎月の「九州ベンチャー大学」「特別セミナー」「経営計画」
・ブログ：ネット上の接近戦の武器
・個別相談：朝５時より。極力、会う、電話、メールで。
・事例ＤＶＤ・ＣＤのネット通販

②地域戦略／活動範囲・重点エリア
・講演活動は全国だが、敵の少ない「地方」を重視＋中国他のアジア

③客層戦略／私が役立てる客層・人々
・小起業家
・起業目指す人
・人生逆転を目指す人
・ウツだが前向きな人

④営業戦略／どうやって新規の顧客候補を開拓するか
・講演・ベンチャー大学開催・他のセミナーへ参加
・上記の接近戦で会う人の数を増やす
・ブログ・本を出す・講演する
⑤顧客戦略／リピート・固定客・クチコミ・紹介の方法
・名刺交換後、メールで接触。ブログやメルマガ登録を促す。
・講演主催者へハガキの返事をスグ出す
・相談の面会や電話やメールを受ける

⑥組織戦略／会社はどうやって回すか
・私は究極の職人を目指す

⑦財務戦略／お金とのつき合い方
・贅沢は一切しない。
⑧時間戦略／朝は何時から・働く時間・時間の使い方
・朝５時代には事務所へ。午後９時帰宅
・土曜は全日、日曜も昼まで仕事
⑨やる気戦略／やる気を維持するために
・早起き、笑顔、挨拶（まずは家族）、掃除、ありがとうを言う、言われる
・やる気出る会合に出る（やずやＳＭＩ・早朝マーケ会・同友会、他）
・やる気出る会合を主催する（ベンチャー大学・経営計画セミナー・他）
・やる気出るＤＶＤ観る・講演参加・人に会う。
・毎年、発展途上国へ旅をする。

最後に、行動計画。実際に行動する項目を時系列で書きます。

行動計画

★毎日やるべきこと（朝から寝るまで：例：ブログを書く）

①朝は４時５５分に起床
②ありがとうと言う
③笑顔
④ひげ剃りしながら＋鏡を見ながら笑顔の練習
⑤仏壇の水換え・感謝の祈り
⑥皿洗い
⑦妻の背中をマッサージ＋ありがとう
⑧出社。事務所前の歩道を掃除
⑨６時～９時は執筆。このシートを見る、読み上げる。
⑩本日のToDoリストチェック＋メールや郵便物のチェック＋返信
⑪ブログ更新・手帳のメモを見ながら
⑫アポこなす
⑬合間は接近戦（アナログ＋ネット）
⑭気づいたことは手帳にメモ
⑮ハガキ・メールや他の返事
⑮明日やるべきことをメモ帳に書いて帰る
⑯子供の宿題やテストにコメント
⑰風呂・シャワー
⑱ニュースだけ見て午後11時までに「ありがとう」と言いながら就寝。

★１週間単位でやること（例：新規の講演仕事を受注）

①本の原稿を５０ページ
②読書１冊

★１ヶ月にやること（例：月に３冊は本を読む・他）

①講演１０回×２０万円（粗利２００万円）
②ＤＶＤ販売１００本×３０００円（粗利2000円＝２０万円）
③１年に２冊出版（印税粗利・年に３万部以上で年間２５０万円以上目指す）
④経営計画セミナー毎月ペースで１回２０万円の粗利

①＋②＋③＋④で月に２６０万円の粗利＝年収１０００万円達成

★心構え・考え方（例：常にプラス発想・他）
①何があってもプラス発想。
②一般大衆より個別対応を優先
③毎日、このシートを見る、読む。一人朝礼をする。
④迷ったら、鈍ったら人に会う。話す。

★その他
・以上のシートは常に手帳・机の前・トイレに貼り、毎月月末に見直し書き直す

人生の成功は夢・戦・感

「人生で、経営で、成功するには、何が必要でしょうか?」

これは私の講演で最初にする定番の質問で、参加者の人たちに答えてもらいます。すると、夢、やる気、決断力、行動力、戦略、感謝とか、いろいろが出てきます。いずれもすべて正解です。

これらを整理すると、経営人生で成功するには、大きく分けて①夢、②戦略、③感謝、の3つが大切なポイントになります。他にも大切なことはいくつもありますが、私はまとめて「夢《ゆめ》・戦《せん》・感《かん》」と言っています。

この1つひとつは、とてもシンプルなことです。逆に言うと、当たり前すぎて、つい忘れてしまう。だから、ここでは再確認の意味で、簡単に説明させてもらいたいと思います。

夢については、先ほど解説しました。人生の夢や目標を設定して、それをどうやって実現させていくか? やる気やプラス思考、目的、目標、使命、天命など、書店の自己啓発コーナーにたくさん本がありますよね。大事な要点はほぼ同じです。

次に戦略です。「ダイエットで10キロやせる」などの個人目標は自分との戦いですが、ビジネスや経営の場合、自分との戦いに加え、顧客やライバルとの関係が発生します。どこで買うかは顧客が決め、その顧客を取り合うライバルがいる。個人の趣味的な目標達成は自己管理をきちんと行えばたいてい実現できますが、ビジネス・経営は「自己」×「ライバル」×「顧客」の三つの変数がからんでくるので、その難易度は何倍にも上がります。なので、自分を叱咤激励する自己啓発だけでは通用しません。ライバルの力や顧客の要望を冷静に分析し、負ける戦はしないとか、勝てる分野はどこかを見極めるなど、全体の戦略と現場の戦術が必要になります。

そして、感謝。私もこれを忘れて何度も痛い目に遭いました。社長にも、これを忘れている人が多いですね。特に若手ベンチャー系。強烈な夢や戦略で短期的に成り上がる。「成功したオレはすごい」とうぬぼれ、周囲への感謝を忘れて自滅する。芸能人も、月給数万円の下積み時代を経て、年収1000万円超で傲慢不遜になる「小成功病」で消えていきます。「感謝＝性格の良さ」であり、これを改善していくことが一番難しいかもしれません。私も早起き会で親や妻への感謝、トイレ掃除、ありがとうを1万回も唱えましたが、すぐに元に戻ります。

死ぬまで修行ですね。私もあなたも（笑）。

Part 3

迷った時に
思い出してほしい
竹田陽一語録

語録1 独立起業は人生の敗者復活戦

私(竹田)は以前、独立起業した100人を調査して驚きました。以前からの夢を叶えるとか、事前にしっかり計画した人はわずか5%。勤務先の倒産やリストラ、人間関係の悪化で仕方なくという外部強制型が55%。残り40%は、失業して職探しをしていたが、適当な職が見つからないので社長にというパターン。学歴では旧国立一期校はゼロで、前職はほとんどが中小企業。上場会社はゼロでした。つまり、独立起業する人は学歴がなく、組織の本流からはずれた人が多い。マスコミに取り上げられる起業家は華やかですが、それはほんの一部。実態は学歴なしとサラリーマン脱落組の敗者復活戦なのです。

語録2　暴発的な独立は自滅のもと

私は企業調査会社（東京商工リサーチ）時代、1000社以上の倒産取材を経験。新設会社の倒産理由で多いのが、実力不足や計画の甘さです。準備はなく、暴発的な起業が多かった。会社員時代は会社経営など簡単に見えるが、いざ独立して自分でやると困難の連続。失敗した年齢が45歳を過ぎていると再就職もケタ違いに難しい。独立には少なくとも3年の準備期間を設けるべきです。会社員であっても自分で経営する意識を持つと、現在の自分の仕事への見方がガラッと変わる。さらに得意先の経営にも学ぶようになり、本やセミナーでの勉強意欲も高まる。とにかく、思い立って1年以内の起業は思いとどまるべきです。

語録3 あまのじゃくな人や変人は有利

経営では同業他社との差別化が大事ですが、サラリーマン組織ではみなと同じ協調性が求められます。普通の人間関係でも、勝手なことをすると和を乱すと嫌われます。逆に独立起業や経営では、強いライバルと同じことをやると価格競争に陥ります。よって商品・地域・客層や営業方法で差別化が必要ですが、他と違うことをやるのは勇気がいりますね。その点、変人やあまのじゃくな人は有利です。集団行動や人に合わせるのが苦手な人は経営者に向いています。「学生時代のアダ名は山川。みなが山と言うと川って言って。僕、昔からあまのじゃくなんです」。ユニクロ創業者の柳井正さんの言葉です。

語録4　40歳過ぎたら自分に合わないことはしない

経営で生き残るためには、「自分」と「ライバル」と「顧客」の力関係を客観的に分析し、自分が勝てる分野を選ばなければなりません。好きな商品や客層でも、ライバルに負けている場合は捨てなければならない。嫌いなことでも、それで売り上げと粗利が稼げるならやらなければならない。しかし、人は好きなことや合うことは継続しやすいですが、嫌いで合わないことをやり続けるのはつらい。相性もあります。私も仕事の客層として、女性やサラリーマンは合わない。やはり中小企業で男の社長が合う。経営は変化対応業とも言いますが、人は年齢とともに頑固になる。40歳を過ぎたら合わないことはしないことです。

語録5　夢や目標がわからないのは普通

自己啓発本の定番は「将来の夢や目標を明確に書く」。しかし、一部のプロスポーツ選手や芸術家などを除き、普通の人はなんとなく就職をし、なんとなく定年を迎える人がほとんど。夢を持つ人は3％と言われています。抜きんでた強みがあると目立ち、周囲から褒められ、さらに伸ばそうと夢や目標を持ちます。普通や普通以下だとほめられもせず、それを伸ばそうとも思いません。つまり、夢や目標は、自分の強みの延長にあることが多いのです。今の仕事で、あなたの強みは何ですか？頑張れば1位になれそうな仕事というのは、小さく細分化すれば必ず何か見つかる。それがあなたの夢や目標になります。

語録6　転職や商売替えも手段の1つ

今の仕事で自分の強みや抜きんでたものが見つけられない場合、転職や商売替えも1つの手段です。私はサラリーマンとして4つの会社で営業を経験しましたが、個人向けの住宅営業はまったくダメ。ところが、ダメ元で入った法人向けの企業調査会社が合いました。ここで強みを発見し、その延長で独立もうまくいきました。通販の「やずや」の創業者は転職転業10回目で今の会社を設立、ラーメン一風堂の創業者も、当初は役者が夢でしたが諦めて量販店へ。その後はバーを経てラーメン店開業へ。ただし「人には無限の可能性がある。でも、選べるのは1つ」という名言もあります。何かを成すには、どこかの時点で一点集中ですね。人生もそうです。

語録7　成功者は朝が早い

企業調査会社時代、信用調査で約2000社を取材しましたが、倒産企業の社長は朝の出社が遅い。ひどい経営者は朝10時とか昼すぎの人もいました。一方、業績の良い会社の経営者、特に創業者は朝が早い。6時とか7時もザラで、遅くとも7時半にはスタートしていました。カレーチェーンのCoCo壱番屋や日本電産の創業者は朝6時台の出勤を30年以上継続。私も失業と借金で追い込まれた4社目から、朝7時台出社を開始。事務作業や読書も進み、アイデアもわく。独立後も継続し、うまくいきました。だまされたと思って、早起きと早朝出社にチャレンジしてみてください。

語録8　趣味は捨てる。同窓会も行かない

企業経営は実力主義の完全歩合給。保証や安定はない、外はライバルだらけで弱肉強食の世界。それぞれの業界で生き残るには、安定軌道に乗るまで必死で働かねばなりません。サラリーマンのように9時〜5時で定時退社、週休二日制で祝日も盆暮れ正月も休みでは、とても生き残れません。仕事で何かを成すには、そして何かで1位になるには、他人や他社より長時間の努力が必須です。でも、睡眠も最低限とらないと体が持たない。そのためには趣味を捨てる。本当に成功したいのなら。同窓会も行かない。昔話をしても仕方ない。親戚の法事なんかも奥さんに任せる。この話、最近はウケがよくありません（笑）。

語録9　感謝は態度で示せ

私が独立した時、オフィスの什器備品で相当なお金をあちこちの業者さんに払いました。ところが、買ったあとはほったらかし。うんともすんとも反応がない。感謝とは、感じたことを言葉で射ると書きます。感謝の気持ちは、言葉と行動で示さないと相手には伝わりません。そこで推奨するのが、購入後の「お礼ハガキ」と、フォローで年に3回の「定期ハガキ」です。この手のフォローを実践する人は3％もいませんから、顧客からは好かれて気に入られ、忘れられることもないので、リピートの注文や紹介をいただけます。コツは印刷のDMではなく、売りの姿勢を出さない手書きハガキです。

語録10　本気はワザを越える

創業時や小さな会社は商品やサービスの質が低い。自分と社員のレベルも、戦略や戦術のレベルも高くない。最初は誰でもそうですね。それはもう仕方ない。しかし、本気でやると道は拓ける。必死で一生懸命にやると、それだけで売れたりします。本気の姿は人を惹きつけます。プロ野球と違い、甲子園の高校野球は負ければ敗退の勝ち抜き戦で、選手の一挙手一投足が勝敗を分けるので必死ですね。だから観客は目を離せない。知人の売れっ子講師は「年中無休・24時間受付」と名刺に入れています。本気はワザを越える。技能を超える。

語録11 人生は「出逢い」で変わる

仕事柄、多くの人や会社の変遷を調べましたが、Aランクの人は10年後も20年後もA、Cの人はずっとCのまま。ほとんどの人は変わりません。ところが、たまにCの人がAに飛躍することがあります。そのほとんどにおいて良き上司や師匠との出逢いが転機になっています。自分で自分に火をつける自燃型は1割もいません。9割以上は他人の影響で自分も燃える他燃型。最近では、あのニトリの社長でさえ、経営コンサルタントの渥美俊一さんとの出逢いで人生が変わったとテレビや新聞で激白していました。私も田岡信夫先生のセミナーで天啓を受けました。じっとしていても何も変わらない。外に出て、逢いに行きましょう！

語録12 すなおが一番

良いものには従う。良いものは認める素直さ。松下幸之助も一押しの「すなお」。でも、なかなか難しい。私の場合、同業でライバルのコンサルタントや著者が本を出した場合、読んでもないのに「ふん、この間抜け！　くだらない」と思ってしまう。でも、それじゃいかん。「おー、よう書いとるなあ。こりゃすごい。こういうのは見習わにゃいかん。私もまだまだ、もっと頑張らねば」と素直に認める。難しいことだけれど、良いものには従う。頑張っている人は素直に認める。素直さが大事です。

語録13　仲間をつくる

勉強会の仲間をつくること。親しくなって経営の話とかしていると、お互い、張り合うようになる。それが一種の心理的な強制になりますよね。だから、ライバルには感謝です。社内外にライバルがいないと成長しない。ところが、自分が社長になると、社内に張り合う相手がいない。誰も強制してくれない。だからつい、緩むんです。社外の会に参加するのもいい。やずやは中小企業家同友会で大きく変わった。弁当店経営の岩田さんは近所の戦略社長塾で変わった。ニトリは渥美先生の勉強会、キューサイは日本ＢＥの行徳哲男さんと一倉定先生のセミナーで。いつかは卒業する時期が来ますが。

語録14　まねをする、パクる

学ぶはまねる。私の場合、最初のモデルはアメリカの生命保険会社の営業マンだったフランク・ベドガー先生。その本を繰り返し読みました。本を朗読してもらって自分専用のテープも作った。１００回以上は聴きました。そして、その通りに営業をやってみた。これが当たりました。企業調査会社では誰もやっていなかった飛び込み営業を実践し、営業成績で業界日本一になりました。高額納税者にもなりました。良い人と出逢って、見て、モデルにしてまねる、学ぶ。ものすごく大事なことです。最初はモノマネでも、一定期間が過ぎたら、個性が出て、その人のオリジナルに変わっていきます。

総括　努力のあとに人格が形成される

ある地方に、働き者の農夫がいました。朝早くから晩遅くまで、サクランボの果樹園で懸命に働きました。決して贅沢はせず、お金が貯まれば果樹園を広げ、村一番のサクランボを出荷。みなから尊敬される立派な農夫でした。

彼には2人の息子がいました。ところが、親とは違って怠け者で、仕事もせずブラブラしてばかりいました。

歳月が流れ、農夫は年を取っていきました。ところが、息子たちは相変わらず怠惰なままでした。

夏の終わり頃、死期を感じた農夫は、息子たちを枕元に呼び寄せ、こう言いました。

「あの果樹園のどこかに私がコツコツ貯めた財産を埋めてある。それをお前たちに遺産として残す。私が死んだら掘り返して自由に使いなさい」

父の死後、息子たちは葬儀もそこそこに、朝から晩まで必死になって果樹園の土を掘り返しました。

ところが、秋が過ぎ、冬になっても何も見つかりません。果樹園全体を掘り返してみたものの、父が埋めたという財産は見つからず、結局、兄弟は掘るのをやめてしまいました。

そして春がやってきました。サクランボの木はきれいな花を咲かせました。花は実になり、やがて収穫の季節を迎えると、どの木も、近年見たこともない大きくて見事な実をつけているではありませんか。実は、2人の兄弟が土を掘り返したことによって、土が柔らかくなり、そこへ落ち葉が入って土が肥えていたのです。

サクランボは市場で高値が付き、兄弟は大きな富を手にしました。と同時に、父が遺した本当の財産・遺産は「勤勉」だと気づき、兄弟は深く感謝しました。

以来、兄弟は朝から晩まで勤勉に働き、かつての2人とは別人のような性格になりました。

これはイソップ寓話「農夫とその子どもたち」のあらすじです。

人は誰でも良い性格の持ち主になり、周囲の人から尊敬される立派な人間になりたいと思っています。

しかし、性格はその人の最も深いところにあるので、人から少しばかり説教を受けたり、本を少し読んだりした程度で、そうやすやすと変えることはできません。

普通の人は、その人が今までに一度も経験したことのない大きな苦労を体験して、その中から何かをつかみ取らないかぎり、性格を良くしたり、人格を創ったりすることなどできないのです。

食べるためや生活費を稼ぐだけの長時間労働であれば、つらく、またさびしいことですが、人生目標を立て、かつ、人格を創るためであれば、長時間労働も決して暗いものにはならないはずです。

我々が両親から受け継いだ最も価値の高い遺産は2つあります。その1つ目は「時間」であり、2つ目は「自分にしかない隠れた潜在能力」でしょう。

「親から受け継いだ時間」を積極的に使って「仕事」に取り組み、

これによって

「すばらしい実績」を手にした時、

初めて2つ目の遺産である、

「隠れた潜在能力」が花開き、

この時に初めて、

「両親から受けた恩」を返したことになるのです。

竹田　陽一

あとがき

本書を手にとっていただき、ありがとうございます。この本には小さな会社の事例がたくさん載っていますが、その多くは私が1992年から主催しているセミナー交流会「九州ベンチャー大学」や「人生計画セミナー」「経営計画セミナー」で直接聴いた成功事例です。

実家が他人の借金の連帯保証1億円を背負わされ、その後、私も東京からUターンして母の債務を全部引き継ぎました。祖父の代からの土地や亡き父が遺した家や株券はありましたが、負債を埋めるには足りません。福岡に戻って7社目のサラリーマンをやりましたが、手取り20数万円では返済がとても追いつかない。そこで起業による弁済を考え、先人に学ぼうと起業成功体験談を聴くセミナーを毎月主催しました。連帯債務を完済した24年後の今も、福岡や東京、大阪、名古屋などで行っています（全国どこでも事例講演にうかがいます）。本書の3つのケーススタディーは、この10年で最も反響が大きかった事例で、ほかにも約1000回の勉強会から選りすぐった事例を約50社盛り込みました。経営戦略理論は最小限にとどめ、事例中心にしたので、経営初心者の方にも理解しやすいと思います。

私は当初、やずやのように、実業での成功を目指しましたが、経営者としての器や力量のなさを実感（笑）。広告代理業で起業しましたが、途中から成功事例の勉強会主催、著者、フリーの講演講師に転身しました。セミナー交流会は毎月あちこちでやっています。個別相談や缶ビール会もほぼ毎週開催。みなさんの人生や事例を聞かせてください。詳細は「かやのかつみ」で検索を。本の疑問や質問もお気軽にどうぞ。読者のみなさまの成功を願っています。

栢野　克己

著者

栢野克己（かやの・かつみ）

インタークロス代表。小さな会社や独立起業の事例研究家。作家・セミナー講師。全国の商工会やJC・法人会などで約1300回講演。講師を招いた勉強会「九州ベンチャー大学」「人生経営計画セミナー」などを1000回以上主催。著書は『弱者の戦略』『やずやの秘密』『大逆転バカ社長』『小さな会社☆儲けのルール』など。2007年に家族で1年間の世界一周を決行。中国・タイ・ベトナム・インド・香港などアジアでも講演。福岡市出身。小倉西高校、立命館大学卒。ヤマハ発動機、リクルートやIBMの子会社、アド通信社を経て独立。夢は2025年までに世界200カ国渡航。
〒810-0073福岡市中央区舞鶴2の7の21の803
電話：090-3604-6735　ファクス：092-781-5354
サイトなど詳細は「かやのかつみ」で検索。

監修

竹田陽一（たけだ・よういち）

ランチェスター経営（株）代表。福岡県久留米市出身。福岡大学経済学部を卒業後、建材メーカーに入社。経理を3年、営業を3年経験したあと、28歳のときに企業調査会社に転職。中小企業の信用調査と、倒産会社の取材を担当。営業面では入社3年で九州地区1位、5年で全国1位になる。ランチェスター法則との出会いは35歳の時、福岡駅前で開かれたセミナーに参加してから。以来、経営戦略の研究に取り組むとともに、経営を構成する8大要因の1つひとつに、ランチェスター法則の応用を始める。44歳の時、独立してランチェスター経営を創業。講演で全国を回り、合計4300回にのぼる。F・ランチェスター先生の墓参りにイギリスまで行き、原書を手に入れて翻訳。これまでに渡英計7回。趣味は物理と音楽。著書多数。詳しくはアマゾンで検索。サイトは「竹田陽一」で検索。
電話：092-535-3311　ファクス：092-535-3200

取材・執筆協力

豊倉義晴（とよくら・よしはる）

ミニカーの買取サイト「トミカ買取.com」を運営。徳島県在住。税理士事務所、飲食関係、サービス業を中心に転職し、業界を観察。同時に、日商簿記検定1級をはじめとする資格を取得するなど、独学で経営の勉強を始め、ランチェスター経営と出会う。
電話：080-5669-1630

小さな会社の稼ぐ技術
2016年12月 9 日　第1版第1刷発行
2018年 3 月20日　第1版第7刷発行

著者　栢野克己
監修　竹田陽一
取材・執筆協力　豊倉義晴

発行者　村上広樹
発行　日経BP社
発売　日経BP マーケティング
〒105-8308 東京都港区虎ノ門4-3-12

ブックデザイン　西垂水 敦・坂川朱音（krran）
制作・DTP　河野真次
編集担当　沖本健二
印刷・製本　株式会社シナノ

Printed in Japan　ISBN 978-4-8222-5193-2

本書籍に関するお問い合わせ、ご連絡は下記にて承ります。
http://nkbp.jp/booksQA